August 2018

Liebe Andrea,

herzlichen Glückwunsch zu Deiner erfolgreich abgeschlossenen Ausbildung. Wir wünschen Dir für Deine Zukunft alles erdenklich Gute und hoffen sehr darauf, dass Du bald wieder bei uns im Kindergarten St. Benedikt sein wirst. – Unsere Kinder hatten jede Menge Spaß mit Dir.

Im Namen aller Kinder und deren Eltern ein ♡liches Dankeschön für das vergangene Kindergartenjahr :)

Birgit Rapp
(Elternbeiratsvorsitzende)

ANGELIKA ALBRECHT-SCHAFFER
PETRA HAGL

Spielszenen für Kindergarten-kinder

22 KREATIVE UND PRAXISERPROBTE MODELLE

DON BOSCO

Gerne nehmen wir Ihre Anregungen, Wünsche, Kritik oder Fragen entgegen:
Don Bosco Medien GmbH, Sieboldstraße 11, 81669 München
Servicetelefon: 089 / 48008-341

Bibliografische Information der Deutschen Nationalbibliothek

Die Deutsche Nationalbibliothek verzeichnet diese Publikation in der Deutschen Nationalbibliografie; detaillierte bibliografische Daten sind im Internet über http://dnb.d-nb.de abrufbar.

ISBN 978-3-7698-1724-9
1. Auflage 2009

Umschlagillustration und Gestaltung: ReclameBüro, München
Illustrationen: Angelika Albrecht-Schaffer und Bernd Albrecht
Satz: undercover, Langweid/Foret
Druck: Don Bosco Druck & Design, Ensdorf

Gedruckt auf umweltfreundlichem Papier

Inhalt

Einleitung

„Wir würden gerne mit unseren Kindern Theater spielen, aber uns fehlt ein gutes Stück ..."

Auf der Suche nach Theaterstücken für den Kindergarten haben wir die Kinder selbst gefragt. Für die meisten Geschichten in diesem Buch waren Kinder die Autoren. Wir haben die Ideen der Kinder in eine Form gebracht, damit daraus ein Stück für die Bühne werden kann.

Damit waren wir uns sicher, dass die Geschichten eine Nähe zum Alltag und zur Erlebniswelt der Kinder haben.

Herausgekommen ist eine Bandbreite von relativ einfachen Stücken bis hin zu aufwändigeren Ideen. Viele Geschichten können Teil eines Projektes, z.B. zum Thema „Umwelt" werden. Manchmal kann die gesamte Einrichtung in ein Theaterprojekt involviert werden mit Spiel, Einladungen, Bühnenbild, Musik und Tanz.

Die meisten Geschichten sind vor allem gut mit den älteren Kindern umsetzbar. Jüngere Kinder ergänzen die Szenen als Volk, Tiere, Pflanzen oder übernehmen einen Tanz, die Musik oder Geräusche.

Wir wünschen viel Vergnügen bei der Auswahl und stürmischen Beifall nach einer gelungenen Aufführung.

„Die Prinzessin muss unbedingt ein rosa Kleid tragen."

Diese Aussage eines sechsjährigen Mädchens ist typisch für dieses Alter. Für die Kinder steht der formale Teil wie Kostümierung, Einladungsplakate, Einladungskarten oder bestimmte Requisiten im Vordergrund des Interesses gegenüber einem eher spontanen Spiel vor Publikum.

Trotzdem überrascht es niemanden, was Kinder alles können, wenn man es ihnen zutraut.

Kindergartenkinder spielen nicht im eigentlichen Sinn Theater, wenn damit gemeint ist, eine Rolle einzustudieren oder einen Charakter zu erarbeiten. Es fällt ihnen noch schwer, das eigene Spiel im Zusammenhang mit der gesamten Geschichte zu sehen.

Entwicklungsbedingt haben sie meistens noch Schwierigkeiten, miteinander zu spielen, bzw. ihr Spiel dem der anderen anzupassen. Oftmals sind sie mit ihrem Eigenspiel zufrieden. Der Fundus aus dem Kinder für ihr Spiel schöpfen, ist das, was sie in ihrer Umgebung sehen und im Alltag erleben.

Die Aufgabe des Spielleiters ist es, die Kinder zu begleiten, die vielen Ideen zusammenzuführen, behutsam das gemeinsame Spiel anzuregen und ihnen auf der Bühne Sicherheit zu geben.

Es macht den Kindern Spaß etwas einzustudieren und sie möchten das Ergebnis unbedingt einem Publikum präsentieren. Sie sind ganz stolz, wenn die Premiere wie im „richtigen“ Theater abläuft mit Verbeugen, Blumen für die Darsteller und „Premierensekt“.

Die Kinder lernen am meisten, wenn sie am Prozess aktiv beteiligt sind und möglichst viel selbst handeln, mitdenken und experimentieren dürfen:

Für das Theaterspielen heißt das, auch wenn es eine Vorlage für ein Stück gibt, diese mit den Kinder zu erarbeiten, Dialoge und Gestaltung der Szenen selbst zu erfinden.

Am Ende eines Theaterprojektes muss nicht immer eine öffentliche Aufführung stehen.

Es ist schon eine große Herausforderung für die Kinder, das Einstudierte vor den Mitgliedern der anderen Gruppen im Haus zu zeigen.

Eine Theateraufführung darf nie zu einem „Zurschaustellen“ der Kinder werden. Um das zu verhindern, braucht der Spielleiter eine gehörige Portion Geduld, die Fähigkeit, eigene Ansprüche und Ehrgeiz zurückzunehmen und trotzdem darf er das Endziel einer gelungenen Aufführung nicht aus den Augen verlieren.

Und ganz nebenbei: Förderung in allen Kompetenzbereichen

Beim Rollenspielen steht allen voran die Förderung von Phantasie und der Kreativität, die wesentlich zur Entwicklung einer individuellen Persönlichkeit beitragen.

Die Sprachförderung ist mit verschiedenen Aspekten beim Spiel automatisch gegeben, sowohl beim Sprechen, wie im Sprachverständnis und in der Gestaltung des Textes.

Durch die Entwicklung eines Körperbewusstseins und die Erweiterung motorischer Fähigkeiten entdecken die Kinder, was man alles mit dem eigenen Körper ausdrücken kann. Ganz nebenbei fördert es die Beweglichkeit.

Eine wesentliche Erfahrung ist das Zusammenspiel verbunden mit Rücksichtnahme, Annehmen und Einbringen von Ideen und die gemeinsame Gestaltung.

Theaterspielen fördert das Spiel- und Wahrnehmungsvermögen. Es ist somit eine große Chance für Kinder, die in der heutigen Lebenswelt vor allem medial vermittelte Erfahrungen machen, hier einmal ganz konkret mitten im Geschehen beteiligt zu sein. Am Ende steht die Erfahrung, dass man das „Abenteuer" Theateraufführung nur gemeinsam bestehen und erleben kann.

Unser Theaterstück entsteht

Es ist für alle Beteiligten etwas Besonderes, ein Stück einzustudieren und am Ende eine Aufführung zu erleben. Der Weg dorthin ist manchmal nicht ganz einfach und es braucht Durchhaltevermögen. Aber es lohnt sich!

Die Geschichten können teils ohne viel Aufwand direkt umgesetzt werden. Sie lassen jedoch auch Freiraum für eine Ausgestaltung mit den Kindern und somit einer Übertragung auf die Fähigkeiten und Interessen der Theatergruppe.

Die Stücke können mit Liedern und Reimen ergänzt werden, die den Kindern vertraut sind oder neu eingeübt werden.

Die verwendeten Namen sind als Anregung zu verstehen. Es ist wichtig, dass die Kinder sich für das Spiel einen anderen Namen wählen, damit deutlich wird, wann sie in einer Rolle sind.

Es kostet etwas Zeit und Mut, Dialoge und Texte mit den Kindern zu erarbeiten, aber es lohnt sich. Die Kinder werden so textsicher und ein stures Auswendiglernen bleibt ihnen erspart.

Sie haben oft eigene Worte, um einen Sachverhalt auszudrücken. Lieber wenige klare Sätze, die mit jedem Proben mehr festgelegt werden, als zu viel Text.

Auf diese Weise muss kein Kind seinen Text als „Hausaufgabe“ zum Lernen mitnehmen. Es passiert zu leicht, dass dabei heruntergeleierte auswendig gelernte Sätze heraus kommen, die nicht zu den Kindern und zum Spiel passen.

Es kann hilfreich sein, die Kinder über das Gefühl und die Frage, „Was würdest du in dieser Situation machen oder sagen?“, ansatzweise zu einer Gestaltung der Rolle zu führen.

Endlich wird geprobt!

Das Thema der Geschichte kann den Kindern mit einem passenden Spiel näher gebracht werden. Dann wird die Geschichte erzählt oder erzählend nachgespielt.

Beim zweiten Treffen wird die Geschichte durch gemeinsames Erzählen wieder präsent. Anschließend wird Szene für Szene in der logischen Reihenfolge geprobt.

Bei den weiteren Treffen wird die Grundhandlung ausgeschmückt und gefestigt durch die Wiederholung.

Insgesamt sollte sich die Probenzeit nicht länger als vier bis fünf Wochen hinziehen, damit der Spannungsbogen gehalten wird. Ideal sind zweimal in der Woche ca. 45 Minuten Theaterprobe am eigentlichen Stück.

Der Weg von der Idee bis zur Aufführung ist nicht einfach. Er kann Umwege enthalten, wenn die Kinder viel erzählen möchten, andere Ideen haben oder einfach nur spielen wollen und zeitweise nicht an das Ziel einer Aufführung denken. Lassen Sie sich nicht verunsichern, wenn die Kinder von der einen zur nächsten Probe immer neue Ideen einbringen. Lenken Sie behutsam am roten Faden entlang und prüfen Sie, was einbaubar ist. Das erfordert ein Höchstmaß an Präsenz und Flexibilität, aber auch Klarheit.

Garantiert wird das Stück bei der Premiere noch einmal anders verlaufen als bei der Generalprobe.

Wichtig ist, sich nicht unter Druck bringen zu lassen, wenn z.B. der Termin für den Tag der Offenen Tür immer näher rückt. Die Erfahrung zeigt, es wird alles rechtzeitig fertig.

Das Spiel auf der Bühne begleiten

Bei mancher Kindertheateraufführung reicht es, wenn der Spielleiter hinter der Bühne dafür sorgt, dass davor alles gut verläuft.

Manchmal ist es besser, selbst das Spiel der Kinder in einer Rolle als Erzähler, Moderator, als Zwerg, Diener oder Tier zu begleiten. Den Kindern gibt es die Sicherheit, eigenständig spielen zu können; und kommt das Stück ins Stocken, kann mit einer paar Worten der rote Faden weiter geführt werden.

Diese Rolle sollte offen vom Bühnenrand aus oder auf der Bühne übernommen werden, ohne das Spiel der Kinder durch übertriebene Selbstdarstellung zu behindern.

Die Vorkommnisse auf der Bühne werden offensiv, flexibel und zielsicher aufgegriffen und logisch in den Spielverlauf eingebunden. Spielfehler können so überspielt werden, ohne die Kinder bloß zu stellen.

Die Darstellung kann dadurch entsprechend verstärkt oder interpretiert werden. Vom Erzähler sollte von der folgenden Szene nur so viel vorweg genommen werden wie nötig, um den Spielern anzuzeigen, was kommt. Sonst kann es für die Zuschauer langweilig werden.

Der Erzähler darf in eigenen Worten eine Aussage eines Schauspielers wiederholen, wenn zu leise gesprochen wurde.

Je nach Fähigkeiten der Kinder kann der Erzähler die wörtliche Rede selbst übernehmen oder die Kinder werden durch seine Angaben behutsam durch das Stück geleitet.

Zu guter Letzt – Gedanken zur Ausstattung

Wie Anfangs erwähnt, können den Kindern die so genannten „Äußerlichkeiten“ sehr wichtig sein.

Viele Geschichten enthalten Anregungen zur Gestaltung. Grundsätzlich ist nicht immer eine voll ausgestattete Bühne notwendig. Der Bewegungsraum mit einem schwarzen Hintergrundvorhang und zwei Bauscheinwerfern kann schon eine Theateratmosphäre ausstrahlen.

Wichtig ist, dass das Spiel für alle Zuschauer gut sichtbar ist und in einem ruhigen Raum stattfindet.

Das Bühnenbild darf zurückhaltend sein, aber auch neugierig machen. Nur soll es das Spiel der Kinder nicht behindern. Bei einem Rundgang mit offenen Augen durch die Einrichtung lassen sich viele verwendbare Requisiten finden. Bitte beachten: Weniger ist oft mehr!

Es ist keine Frage, dass sich die meisten Kinder gerne verkleiden und schminken, um so leichter in ihre Rolle zu schlüpfen. Ein passendes Requisit (vielleicht auch übertrieben groß) kann das Spiel unterstützen.

Es erfordert Fingerspitzengefühl zu berücksichtigen, wie aufwändig sich manche schminken lassen möchten und andere das ablehnen. In diesem Fall reicht beim Räuber eventuell nur ein angedeuteter Bart.

Wir wünschen viel Spaß bei der Umsetzung und vor allem Geduld, die vielen guten Ideen der Kinder „unter einen Hut“ zu bringen!

Das Frühlingskonzert

→ **Thema/ Lern- / Bildungsziele**

• Muttertag • Frühlingsfest • Gemeinsames Spielen und Musizieren macht mehr Freude, als nur für sich allein • Trotz Arbeit sich Zeit zum Spielen und zum Vergnügen gönnen

→ **Inhalt**

Der Maikäfer lädt die Tiere ein, gemeinsam ein Frühlingskonzert zu geben. Leider sind alle zu sehr beschäftigt und haben dafür keine Zeit. Enttäuscht beginnt der Maikäfer, allein zu musizieren. Nach und nach kommen alle Tiere dazu und am Ende gibt es doch ein gemeinsames Konzert.

→ **Schwierigkeitsstufe / Aufwand**

Einfach bis mittel

→ **Altersstufe**

Alle Altersstufen können nach ihren Fähigkeiten mitspielen.

→ **Hauptpersonen**

- Maikäfer – diese Rolle sollte ein Kind übernehmen, das ein Melodieinstrument spielen kann.
- Verschiedene Tiere, z.B. Regenwurm, Amsel, Maus, Hummel, Hase, andere Käfer

→ **Weitere Mitspielmöglichkeiten**

Jüngere Kinder können Blumen, Gräser und einen „Bach“ spielen und damit die Wiese darstellen. Sonne, Mond, Sterne.

→ **Bühnenbild / Schauplätze / Ausstattung**

- Wiese – Evtl. im Hintergrund ein Bühnenbild (Wald, Himmel) auf Stoff gemalt.
- Tiere: einfache Kostüme z.B. aus dem Faschingsfundus oder mit farblich passendem T-Shirt/Leggings. Nicht übertreiben!

- Instrumente mit den Kindern basteln oder verwenden, was in der Einrichtung vorhanden ist (Klangstäbe, Schlagzeug, Glockenspiel, etc.) und die Geschichte entsprechend verändern. Instrumentenkenntnisse der Kinder einbauen.

→ **Tipps zum Einstudieren**

- Mit den Kindern überlegen, welches Instrument zu welchem Tier passen könnte und welche Ausrede es haben kann, nicht mitspielen zu können.
- Ausreichend Zeit einplanen, um das Konzert am Schluss zu entwickeln und einzuüben.

→ **Variation / Erweiterung**

Ergänzung mit einem „Frühlingstanz“

Erzähler: Die Sonne scheint endlich wieder warm auf die Erde hinunter. Der Maikäfer krabbelt aus seinem Erdloch und wärmt sich an den Sonnenstrahlen.
Er schüttelt nach dem langen Winter seine Flügel aus und probiert vorsichtig das Fliegen.
Da kommt ihm eine gute Idee.

Maikäfer: „Ich könnte ein Frühjahrskonzert geben. Aber allein macht das keinen Spaß. Ich werde die anderen Tiere einladen mitzuspielen.“

Erzähler: Er geht zu den einzelnen Tieren und fragt höflich an, ob sie mitspielen würden.

Maikäfer: „Grüß Gott, Herr Regenwurm. Ich möchte gern ein Frühlingskonzert veranstalten. Sie können doch so gut über die Handtrommel streichen. Würden Sie mitmachen?“

Regenwurm: „Eigentlich gerne. Dummerweise habe ich so viel damit zu tun, die Erde für das Wachsen aufzulockern. Tut mir leid, vielleicht ein anderes Mal.“

Maikäfer: „Grüß Gott, Frau Amsel. Ich möchte gern ein Frühlingskonzert veranstalten. Sie können doch so gut singen. Würden Sie mitmachen?"
Amsel: „Eigentlich gerne. Aber ich muss mein Nest bauen, damit ich Eier legen kann und Vogelkinder bekomme. Tut mir leid, vielleicht ein anderes Mal."
Maikäfer: „Grüß Gott, Fräulein Maus. Ich möchte gerne ein Frühlingskonzert veranstalten. Sie können doch so gut Flöte spielen. Würden Sie mitmachen?"
Maus: „Eigentlich gerne. Ich habe gerade meine Jungen bekommen. Die sind hungrig und ich muss mich um sie kümmern. Tut mir Leid, vielleicht ein anderes Mal."
Maikäfer: „Grüß Gott, Herr Hummel. Ich möchte gerne ein Frühlingskonzert veranstalten. Sie können doch so gut Trompete spielen. Würden Sie mitmachen?"
Hummel: „Eine gute Idee. Aber ich habe keine Zeit, ich muss von Blume zu Blume fliegen und mich darum kümmern, dass der Blütenstaub verteilt wird. Tut mir leid, vielleicht ein anderes Mal."
Maikäfer: „Grüß Gott, Freund Hase. Ich möchte gerne ein Frühlingskonzert veranstalten. Sie können doch so gut Xylophon spielen. Würden Sie mitmachen?
Hase: „Ups, eine gute Idee. Leider habe ich keine Zeit. Ich muss mich um das Essen kümmern. Meine Frau und die Kleinen warten auf frische Karotten. Tut mir leid, vielleicht ein anderes Mal."

Erzähler: Inzwischen ist es Abend geworden. Der Mond ist aufgegangen und einige Sterne funkeln schon am Himmel. Der Maikäfer ist müde vom Herumfliegen und Fragen und er ist traurig.
Er geht auf seine Wiese zurück und beschließt, ganz allein zu musizieren.

Er nimmt seine Geige und fängt leise an zu spielen. Er ist so versunken in sein Spiel, dass er nicht bemerkt, wie nach und nach die anderen Tiere neugierig auf die Wiese kommen, erst zuhören, dann ihre Instrumente auspacken und mitspielen. So kommt es doch noch zu einem gemeinsamen Frühlingskonzert.

Die Traumwiese

→ **Thema / Lern- / Bildungsziele**

- Muttertag • Sommerfest • Kennenlernen des Lebensraums „Wiese“

→ **Inhalt**

Phantasievolle poetische und erweiterbare Darstellung des Lebens auf einer Wiese.

Die Geschichte besteht aus dem einzelnen Auftritt von Tieren und Pflanzen, die auf einer Wiese leben oder dort vorkommen.

→ **Schwierigkeitsstufe / Aufwand**

- Einfach bis mittel
- Der Aufwand zur Herstellung der Kostüme kann relativ hoch werden, darum hier nicht übertreiben.

→ **Altersstufe**

Alle Altersstufen können nach ihren Möglichkeiten eingeplant werden.

→ **Hauptpersonen**

Käfer, Schmetterlinge, Maulwurf, Blumen, Gräser, Ameisen, Raupe, Heuschrecke, Maus, Katze, Amsel, Sonne, Mond, Sterne, Bach

→ **Weitere Mitspielmöglichkeiten**

Anzahl der Grundfiguren erhöhen

→ **Bühnenbild / Schauplätze / Ausstattung**

- Wiese: Blumen und Bäume werden von den Kindern dargestellt. Ein Bühnenbild im Hintergrund auf einem Laken mit der Ansicht eines Waldes und des Himmels. Die Wiesenstimmung wird mit entsprechendem Licht unterstrichen.
- Tiere/Blumen/Bäume: Kostüme z.B. aus dem Faschingsfundus oder mit farblich passendem T-Shirt/Leggings und Tüchern. Nicht übertreiben! Die Raupe wird von mehreren Kindern unter einem langen Tuch dargestellt.

→ Vorbereitungen, Tipps zum Einstudieren

Das Stück ist im Wesentlichen eine poetische Darstellung des Lebens auf einer Wiese. Es kann spannender werden, wenn an unerwarteter Stelle Figuren auftreten oder durch den Wechsel von Rhythmen. Die Darstellung lebt durch die phantasievollen Kostüme.

Mit den Kindern überlegen, welche Tiere auf einer Wiese leben oder vorkommen und wie diese sich bewegen.

→ Variationen / Erweiterung

- Das Auftreten der einzelnen Tiere und Pflanzen durch passende Musik begleiten (Orffinstrumente).
- Instrumente mit den Kindern selbst basteln.
- Verwendung der Instrumente, die in der Einrichtung vorhanden sind (Klangstäbe, Schlagzeug, Glockenspiel etc.).
- Als Abschluss ein Schlaflied, z.B. „LiLaLu“

Die Sonne geht auf und weckt Blumen und Gräser. Diese strecken und recken sich und stellen sich zu einer Wiese zusammen. Blumen und Gräser wiegen sich im Wind.

Eine Gruppe von bunten Schmetterlingen tanzt zwischen den Blumen, bleibt sitzen, fliegt weiter.

Bienen summen und fliegen von Blüte zu Blüte. Sie haben kleine Honigbecher in der Hand und sammeln Nektar ein.

Ein fleißiges Ameisenvolk trägt kleine Zweige und Tannennadeln in einer langen Schlange durch das Gras.

Unter einem braunen Tuchhaufen taucht ein Maulwurf auf und verschwindet plötzlich wieder.

Ein Marienkäfer landet auf einer Blume und sonnt sich.

Zwei Heuschrecken spielen Fangen.

Eine Raupe knabbert an den Blättern. Die Blätter schütteln sich und vertreiben die Raupe.

Eine Katze kommt schläfrig daher, beobachtet eine Maus und versucht diese zu fangen.

Eine Schnecke zieht langsam von einer Bühnenseite zur anderen. Immer wenn ein größeres Tier kommt, zieht sie sich in ihr Haus zurück.

Die Sonne wandert weiter, es wird dunkel und der Mond geht auf. Tiere und Pflanzen legen sich schlafen.

Ein Bächlein gluckst in der Abendstille.

Die Amsel singt ein Schlaflied und verschwindet im Baum.
Licht aus.

Einmal Prinzessin sein!

→ **Thema / Lern- / Bildungsziele**

- Empathie
- Hineinversetzen in eine Traumwelt

→ **Inhalt**

Lena träumt davon, einmal Prinzessin zu sein. An einem regnerischen Nachmittag geht dieser Wunsch im Traum in Erfüllung.

→ **Schwierigkeitsstufe / Aufwand**

Anspruchsvoll

→ **Altersstufe**

Geeignet für die älteren Kinder

→ **Hauptpersonen**

- Lena
- Mama (Mama-Königin)
- Papa-König
- Jede Menge Diener und Dienerinnen
- Katrin, die Freundin

→ **Bühnenbild / Schauplätze / Ausstattung**

Kinderzimmer von Lena: Bett, Tisch, Stuhl, Spielkiste
im Hintergrund ein Fenster, an dem erkennbar ist, dass es regnet.
Schloss:

- Kinderzimmer der Prinzessin: das Mobiliar aus dem Kinderzimmer von Lena wird mit „königlichen“ Tüchern abgedeckt, dazu kommt ein großer goldumrandeter Spiegel
- Großer Saal: Thron, später ein Esstisch mit vier Stühlen

Das Prinzessinnenkleid sollte nur zum Überwerfen oder hinten mit Klettverschluss zu schließen sein, damit es später schnell wieder ausgezogen werden kann.

→ **Tipps zum Einstudieren**

- Mit den Kindern und vor allem mit dem Kind, das Lena spielen wird, überlegen, was in den verschiedenen Situationen gesagt werden kann.
- In der Rolle als Prinzessin, Königin oder König kann eine gestelztere Sprache versucht werden.
- In den einzelnen Szenen stecken verschiedene Themen (langweiliger Regentag, Traum von einer Prinzessin, Prinzessinnenalltag, Prinzessinnen spielen, Traum ist vorbei), die zunächst einzeln mit den Kindern erarbeitet, gespielt und geprobt werden sollten. Am Schluss wird alles zusammengesetzt.

→ **Variationen / Erweiterung**

Der Umbau zu den einzelnen Szenen wird von einer „königlichen Melodie“ begleitet. Bestimmt wird man bei Mozart fündig.

1. Szene Kinderzimmer

Erzähler: Lena ist sechs Jahre alt und kommt bald in die Schule. Darauf freut sie sich sehr, denn Lena weiß schon jetzt, dass sie mit ihrer besten Freundin Katrin, mit der sie auch gemeinsam in den Kindergarten geht, in dieselbe Klasse kommen wird.
Heute ist Lena ziemlich traurig. Katrin, mit der sie auch am Nachmittag oft spielt, ist zu ihrer Tante gefahren.
Lena hat noch andere Freunde, mit denen sie sich meist auf dem Spielplatz vor dem Haus trifft, doch diese haben heute ebenfalls keine Zeit.

Auf der Bühne ist Lena zu sehen, wie sie traurig in ihrem Zimmer am Fenster sitzt.

Am schlimmsten ist, dass seit Tagen unentwegt Regen fällt.
Da kommt die Mutter ins Zimmer und macht Lena Vorschläge, was sie tun kann.

Einige Kinder machen im Hintergrund Regengeräusche mit Regenmachern oder Wasserplätschern

Mit den Kindern überlegen, was Mütter vorschlagen würden. Es kann sich folgender Dialog ergeben:

Lena: „Mama, mir ist langweilig."
Mama: „Meine Kleine. Dann mal doch was!
Lena: „Was denn?"
Mutter: „Ein Bild für die Oma zum Geburtstag."
Lena: „Mama, was soll ich machen? Spielst du was mit mir?"
Mama: „Ich habe keine Zeit. Spiel doch mit deiner neuen Puppe."
Lena: „Macht keinen Spaß allein."
Mama: „Du könntest bei diesem Wetter dein Zimmer aufräumen. Das habe ich dir schon dreimal gesagt.
Lena: „Nein, dazu habe ich keine Lust."

Erzähler: Lena sitzt auf ihrem großen rosa Kissen auf der Fensterbank und beobachtet die Regentropfen, wie sie langsam die Fensterscheibe runter laufen.
Mögliche „Langeweiletätigkeiten" mit den Kindern ausdenken:
- *Regentropfen am Fenster verfolgen*
- *Stöhnen*
- *Durchs Zimmer laufen*
- *Etwas in die Hand nehmen und wieder hinlegen*

Lena blättert im Buch und kann z.B. sagen, warum sie gerne Prinzessin wäre.

Erzähler: Neben Lena liegt ihr Lieblingsbilderbuch: „In einem fernen Prinzessinnenland".
Immer wieder blättert sie das Buch durch und träumt vor sich hin:
„Ach, könnt ich doch auch einmal Prinzessin sein ...!"
z.B.

- *„... dann müsste ich kein Zimmer aufräumen.“*
- *„... dann könnte ich schöne Kleider tragen.“*
- *„... dann hätte ich alles Spielzeug der Welt.“*
- *„... dann hätte ich immer jemanden zum Spielen.*

Erzähler: Plötzlich kitzelt es Lena in der Nase und sie muss niesen. Dabei kneift sie ihre Augen fest zu.

Lena muss niesen, das Licht flackert, auf der Bühne wird es dunkel. Über die Möbel werden königliche Tücher gelegt, um das Zimmer in ein Prinzessinnenzimmer zu verwandeln. Ein großer Spiegel kommt dazu. Der Umbau kann mit einer königlichen Melodie auf Orffinstrumenten begleitet werden.

2. Szene Kinderzimmer der Prinzessin

Erzähler: Als Lena die Augen wieder öffnet, sitzt sie immer noch auf ihrem Kissen. Doch ihr Zimmer sieht irgendwie anders aus ... es ist nicht ihr Zimmer!

Lena geht umher und entdeckt das Zimmer.

Lena sieht sich um und entdeckt ein wunderschönes rosafarbenes Himmelbett.
Genau gegenüber hängt ein riesengroßer Spiegel, der mit Gold umrandet ist.
„Wo bin ich?“

Es klopft an der Tür und drei Dienerinnen treten ein. Sie bringen ein wunderschönes, hellblaues Kleid mit rosa Blumen und goldene glänzende Ballerinas. All das reichen sie Lena, damit sie es anziehen kann. Sie reichen ihr auch die kleine Krone mit bunten Funkelsteinen.

Hier kann folgender Dialog mit den Dienerinnen entstehen:

1. Dienerin: „Prinzessin Lena, wir bringen ihr neues Kleid."
2. Dienerin: „Darf ich ihnen die Schuhe anziehen?"
3. Dienerin: „Eure kleine Hoheit, die Krone."
Die Dienerinnen gehen wieder mit einer Verbeugung hinaus.

Lena dreht sich vor dem Spiegel hin und her. Im Spiegel könnte ein anderes Kind das Spiegelbild spielen. Dann darf der Spiegel nur aus einem goldenen Rahmen bestehen.

Lena: „Wer bist du denn?"
Erzähler: Das Spiegelbild gibt Lena keine Antwort. Natürlich nicht, denn sie selbst ist das Spiegelbild.
Lena tastet immer wieder die Krone ab und dreht sich hin und her in ihrem schönen Kleid.
„Ich bin eine Prinzessin!", sagt Lena ganz laut.
Erzähler: Sie blickt noch einmal in den Spiegel, kein Zweifel, sie ist eine Prinzessin.

Erzähler: Lenas Mama, die Frau Königin kommt zur Türe herein. Sie sieht aus wie ihre richtige Mama, aber doch irgendwie ganz verändert. Sie trägt ein langes gelbes Kleid und Schuhe, die beim Laufen laut klappern.
Königin-Mama: „Was ist denn mit meiner kleinen Prinzessin?"
Erzähler: Lena erschrickt. Sie hat ein ganz schlechtes Gewissen, weil sie ihr Zimmer noch nicht aufgeräumt hat.
Lena: „Nichts Mama, alles klar!"
Lena fängt an, ihr Spielzeug zusammenzuräumen.
Königin-Mama: „Meine kleine Prinzessin, lass das liegen, dass können die Diener aufräumen."
Lena schaut ganz verwirrt.
„Mein Kind komm mit. Der Hofmarschall wartet schon auf dich. Dein täglicher Unterricht in gutem Benehmen beginnt gleich."

Die Königin klatscht in die Hände.

Diener treten auf und verwandeln das Kinderzimmer in den königlichen Saal.

3. Szene Königlicher Saal

Hofmarschall (mit steifen Bewegungen):
„So meine kleine Hoheit, heute üben wir den Hofknicks. Ich mache ihn euch einmal vor."

Immer wieder übertriebenes Vormachen und Nachmachen spielen.

Der Hofmarschall zeigt Lena einen Hofknicks. Sie macht ihn nach. Er ist aber nicht zufrieden damit. Lena muss ihn mehrmals üben und findet das mit der Zeit sehr langweilig.

Lena: „Ich habe keine Lust mehr."

Hofmarschall: „Meine kleine Hoheit, bis zum großen Ball müssen sie das können."

Sie üben noch eine ganze Weile.

Erzähler: Die Königin kommt wieder und erkundigt sich, ob Lena fleißig geübt hat.

Hofmarschall: „Eure kleine Hoheit waren heute meist aufmerksam."

Königin-Mama: „Prima, dann kann jetzt das Essen aufgetragen werden. Dein Gast wartet schon auf dich! Es gibt dein Lieblingsessen und zur Nachspeise gibt es Schokoladenpudding."

Königin klatscht wieder in die Hände. „Diener" bringen einen Tisch mit schöner weißer Tischdecke, hohen Stühlen und decken edles Geschirr und Kerzenleuchter auf.

Papa-König erscheint würdevoll im großen dunkelblauen Umhang.
Lena und die Königin-Mama nehmen Platz.
Ein Platz ist noch frei.

Lena: „Bekommen wir heute noch Besuch?"

Königin: „Warte es ab meine kleine Prinzessin."

Da tritt Lenas beste Freundin Katrin ein. Auch sie hat ein hübsches Prinzessinnenkleid an. Die beiden Mädchen begrüßen sich mit einer herzlichen Umarmung.
Hier muss der Papa-König ein bisschen um Würde bitten und verbietet so ein kindisches „Getue“. Sie müssen sich noch einmal mit einem ordentlichen Hofknicks begrüßen.

Ein Diener im schwarzen Frack, über den Lena fast lachen muss, weil er sie an einen Pinguin erinnert, bringt das Essen und schenkt Limonade ein. Lena und Katrin dürfen aus den Gläsern trinken, die sonst nur die Erwachsenen bekommen.

Die Tafel wird wieder durch das Klatschen der Königin aufgehoben. Die Diener kommen und stellen das Kinderzimmer der Prinzessin wieder her.

Lena und Katrin bitten darum, aufstehen zu dürfen und spielen zu gehen.
Lena: „Papa, dürfen wir aufstehen und spielen gehen?“
König: „Ja, meine kleine Prinzessin. Aber vergiss nicht deine Ballettstunde am Nachmittag.“

4. Szene Kinderzimmer der Prinzessin

Mit den Kindern überlegen, wie Prinzessinnen „spielen“.

Erzähler: Nach dem Essen gehen Lena und Katrin auf Lenas Zimmer und spielen mit den Puppen.

Bei diesem Umbau könnte wieder das Licht flackern, ausgehen und die Diener nehmen die Tücher von den „königlichen“ Möbeln weg.

Als sich Lena zum Spielen auf ihr großes rosa Kissen setzt, muss sie plötzlich wieder niesen, kneift dabei die Augen zu und ...

5. Szene Kinderzimmer von Lena

Erzähler: … als sie die Augen wieder öffnet, sitzt Lena wieder allein zu Hause auf ihrem großen Kissen, auf der Fensterbank. Sie trägt ihren pinkfarbenen Pulli, den sie von ihrer Oma zum Geburtstag bekommen hat und ihre blaue Hose.

Lena ist überrascht, geht umher und besichtigt ihr Zimmer. Sie ist noch ganz durcheinander von ihrem Ausflug in die Prinzessinnenwelt.

Lena: „Eigentlich bin ich froh wieder hier zu sein. Eine Prinzessin zu sein ist ganz schön anstrengend."

Jemand klopft an ihre Zimmertür.

Mama: „Mein Schatz, das Essen ist gleich fertig. Ich habe aber noch eine Überraschung für Dich!"
Erzähler: Die Tür geht ganz auf und Katrin, ihre beste Freundin kommt herein. Sie ist früher von ihrer Tante zurückgekommen und darf mit Lena zu Abend essen.
Die **Mama** ruft von draußen: „Mädchen, beeilt euch. Es gibt zum Nachtisch Schokoladenpudding."

Frühsport im Zahlenreich

→ Thema / Lern- / Bildungsziele

- Spielerisches Kennenlernen der Grundrechenarten
- Abschiedsfest zum „Zahlenland“

→ Inhalt

Eine einfache spielerische Geschichte um die Grundrechenarten.

→ Schwierigkeitsstufe / Aufwand

Mittel

→ Altersstufe

Geeignet für alle Kinder, die schon die Zahlen kennen.

→ Hauptpersonen

- König „Zahlreich“
- Seine Kinder, die Zahlenprinzen „Eins“ bis „Neun“
- Hofmarschall „Herr Null“
- Hofdamen „Frau Und“, „Fräulein Weg“ und „Madame Ist“

→ Bühnenbild / Schauplätze/ Ausstattung

Im Hintergrund ein Bild vom Schloss des Königs Zahlreich. Davor der Schlosshof. Insgesamt lieber weniger als zuviel. Witzig ist es, wenn in dem Hintergrundbild allerlei Zahlen versteckt sind.
Die Schauspieler tragen T-Shirts, auf denen die jeweilige Zahl oder das passende Symbol prangt.

→ Tipps zum Einstudieren

- Spielerisch die im Stück vorhandenen Rechenaufgaben mit den Kindern aufbauen.
- Jeder Zahlenprinz hat seine Eigenart: verträumt, schnell, schüchtern, verspielt, vorwitzig ...

→ Variationen / Erweiterungen

In einer einfacheren Version sind fünf Zahlenkinder ausreichend.

Erzähler: Am Hofe von König Zahlreich geht es sehr geordnet und gesittet zu. Jeden Morgen müssen die kleinen Zahlenprinzen zum Frühsport, der hier Frühzahlensport genannt wird, im Schlosshof antreten.
Der König selbst überwacht, dass seine Kinder das anständig machen.

König tritt würdevoll auf und nimmt auf einem Zahlenthron Platz.

Der Hofmarschall, Herr Null, ruft alle Zahlenkinder zusammen. Seine Aufgabe ist es, durchzuzählen, ob alle da sind.

Zahlenkinder purzeln daher, strecken und dehnen sich und streiten sich um den richtigen Platz in der Reihenfolge.

Der Hofmarschall, Herr Null, muss zur Ordnung bitten:
Jedes Kind wird laut von ihm mit seinem Namen aufgerufen und antwortet mit „Hier“.
„Eins“
„Zwei“
„Drei“
„Vier“
„Fünf“
„Sechs“
„Sieben“
„Acht“
„Neun“

Herr Hofmarschall Null meldet dem König Zahlreich, dass alle seine Kinder anwesend sind. Die Hofdamen „Frau Und“, „Fräulein Weg“ und „Madame Ist“ treten auf, indem sie jeweils mit einem Hofknicks hervorkommen und sich mit ihrem Namen vorstellen.

König Zahlreich lässt nun die Frührechnerei beginnen.

Herr Hofmarschall Null beginnt mit einer einfachen Aufgabe. Er nimmt sich den Prinzen „Eins“, bittet die Hofdame „Frau Und“ dazu, den Prinzen „Zwei“ und die Hofdame „Madame Ist“.

Die entsprechenden Spieler werden wie eine Rechenaufgabe auf der Bühne in die richtige Reihenfolge gestellt.

Er fragt die anderen Prinzen, wer nun an die letzte Stelle gehört.
Prinz „Vier“ drängelt sich nach vorne.
Herr Hofmarschall Null schickt ihn zurück, weil das falsch ist. Er ruft Prinz „Drei“ auf, der verträumt dagestanden ist.

Hier können sich je nach Wissen der Kinder verschiedene andere Rechenspielereien anschließen, bei der auch „Fräulein Weg“ hinzugenommen wird. Die Zahlenprinzen reagieren entsprechend mal schnell, mal zu langsam, mal voreilig, mal streiten sie sich, wer an der Reihe ist. Das Publikum wird in die Antworten miteinbezogen.

König Zahlreich beendet den Frühzahlensport, lobt seine Prinzen und ermahnt den einen oder anderen. Zum Schluss schickt er sie zum Spielen in den Garten.

Die kranke Stadtfee

→ **Thema / Lern- / Bildungsziele**

- Umweltbewusstsein • Positives entdecken • Genaues hinsehen
- Farben entdecken

→ **Inhaltsangabe**

Die graue Welt um sie herum hat die Stadtfee krank gemacht. Sie fragt die Eule um Rat. Diese rät ihr, die eigentlich doch vorhandenen Farben in der Stadt zu sammeln. Die Fee nimmt diesen Rat an, wird wieder gesund und bringt auch die Menschen wieder zum Lachen.

→ **Schwierigkeitsstufe / Aufwand**

Mittel

→ **Altersstufe**

Mehrere Altersstufen können nach ihren Fähigkeiten mitspielen.

→ **Hauptpersonen**

Stadtfee, Amsel, Eule, Grille, Löwenzahn, Raupe, Marienkäfer

→ **Weitere Mitspielmöglichkeiten für jüngere Kinder**

Weitere Kinder sind als Autos oder Busse unterwegs. Bewohner der Stadt

→ **Bühnenbild / Schauplätze / Ausstattung**

Stadtbild/Häuserfassade: Die Häuser können auf Karton aufgemalt sein. Für den ersten Teil der Geschichte sind die Fassaden eher grau und farblos. Auf der Rückseite sind bunte Häuser aufgemalt. Diese werden dann im Verlauf der Geschichte umgedreht. Ein besonders hoher Karton dient als Turm, in dem die Eule wohnt.

Das Grundkleid der Fee ist ein buntes Flickenkleid. Darüber hängen im ersten Teil der Geschichte graue und schwarze Tücher. Diese werden im Verlauf der Geschichte abgelegt.

Tier- und Pflanzenkostüme: Möglichst einfach, z.B. aus dem Faschingsfundus oder mit farblich passenden T-Shirts/Leggings. Nicht übertreiben!
Sandwichautos/-busse: Zwei Pappkartons werden hinten und vorne entsprechend bemalt. Zwei Gurte an der Schulter verbinden die Teile miteinander und können übergehängt werden.

→ Tipps zum Einstudieren

- Ein Entdeckungsspaziergang in der Umgebung des Kindergartens zum Aufspüren verschiedener Farben.
- Mit den Kindern die Vorstellung einer grauen und einer bunten Stadt besprechen. Die Ideen können im Stück an den entsprechenden Stellen einfließen.
- Mit den Kindern besprechen, welcher Gegenstand welche Farbe hat. Hier können durch die Ideen der Kinder ganz andere „Farbenträger" ins Spiel kommen.

→ Variationen / Erweiterung

Das Suchen der Fee mit Klangmelodien begleiten.

Im Hintergrund aus Kartons graue Häuser mit grauen Fenstern. Alles etwas düster.

Erzähler: Die kleine Fee wandert wie jeden Tag durch die Stadt. Ihr geht es gar nicht gut. Sie hustet und schleicht und ist dick vermummt in graue Kleidung.

Sie weint still vor sich hin.

Kinder mit „Sandwichauto" oder „Sandwichbus". Fee schleicht und schüttelt immer wieder den Kopf. Die Menschen eilen umher, sagen kurz „Guten Tag" und gehen weiter.

Menschen gehen unbeachtet an ihr vorbei. Sie schauen traurig und müde. Es ist kein fröhliches Wort zu hören. Autos rasen vorbei. Busse halten kurz, fahren weiter. Viel Gestank. Abfall auf der Straße.

Die Fee ist krank. Sie kann kein Feenpulver für schöne Träume verstreuen, weil sie viel zu schwach ist.

Sie überlegt, was sie tun kann.

Die **Fee** trifft eine Amsel: „Liebe Amsel. Kannst du mir sagen, wie ich wieder gesund werde? Es ist alles so grau und traurig.“

Amsel: „Geh doch zur alten weisen Eule im Uhrenturm. Vielleicht weiß sie einen Rat.“

Fee geht zur Eule:

Fee: „Liebe Eule. Es ist alles so grau und traurig. Was kann ich dagegen tun?“

Eule *wiegt den Kopf hin und her:* „Du musst Farben einsammeln.“

Fee: „Farben einsammeln? Aber die ganze Stadt ist grau.“

Eule: „Nein, das stimmt nicht. Du musst nur genau hinsehen.“

Erzähler: Die Fee geht etwas ratlos weg und irrt suchend umher. Da hört sie ganz leise eine Grille zirpen. Sie sieht genau hin und entdeckt, dass die Grille braun ist.

Fee: „Liebe Grille, kann ich von dir ein Stückchen Braun bekommen.“

Grille: „Gerne.“

Die **Fee** findet einen Löwenzahn an einem Mauereck: „Lieber Löwenzahn. Kannst du mir ein kleines gelbes Blütenblatt abgeben?“

Löwenzahn: „Gerne.“

Erzähler: Die Fee entdeckt in einer kleinen Regenpfütze ein Stück vom blauen Himmel. Vorsichtig hebt sie den Tropfen auf und hat so ein bisschen Blau gewonnen.

Die Fee entdeckt einen Marienkäfer in einer Ritze:

Die Fee sucht nun überall intensiv und trifft auf die verschiedenen Tiere, Blumen und Gegenstände. Mit jeder Farbe, die die Fee bekommt, wird ein grauer Häuserkarton umgedreht und enthüllt eine farbige Hausfassade. Gleichzeitig nimmt die Fee jeweils ein graues Tuch von sich weg und darunter erscheint ein buntes Feenkleid.

„Lieber Marienkäfer. Kannst du mir bitte etwas von deinem roten Flügel abgeben?"

Marienkäfer: „Gerne."
Erzähler: Die Fee findet eine Pflaume an einem Baum, pflückt sie ab und kann so ein Stück Violett ihrer Farbensammlung hinzufügen.
Die **Fee** trifft unter einem Karton eine Raupe: „Liebe Raupe. Kannst du mir etwas Grün von dir geben?"
Raupe: „Gerne."
Erzähler: Plötzlich fliegt ein winzig kleiner Schmetterling mit orangenen Tupfen auf dem Flügel vorbei.
Fee: „Lieber Schmetterling. Kannst du mir einen von deinen orangefarbenen Tupfen abgeben?"
Schmetterling: „Gerne."
Erzähler: Als die Fee so viele Farben eingesammelt hat, merkt sie, dass es ihr schon viel besser geht.
Es fällt ihr auf, dass um sie herum die Menschen fröhlicher geworden sind und manche sogar pfeifen.
Sie holt ganz schnell ihr kleines Säckchen mit Feenpulver heraus und verstreut es, damit die Menschen wieder schöne Träume bekommen.
Da schauen die Menschen gleich noch ein wenig fröhlicher und manche fangen sogar zu singen an.

Hier können die Zuschauer mit Glitzerstaub entlassen werden.

Als Abschluss eventuell „Das Farbenlied", Text und Musik: Wolf Dieter Rahn oder einfach das bekannte „Grün, grün, grün sind alle meine Kleider"

Eine Reise um die Welt auf dem fliegenden Teppich

→ **Thema / Lern- / Bildungsziele**

- Projekt „Länder unserer Welt“ • Kennenlernen verschiedener Kulturen

→ **Inhalt**

Teppichreisebüroinhaber Herr Habakuk lädt drei Kinder zu einer Reise um die Welt auf seinem fliegenden Teppich ein. Die Kinder fliegen mit und sie erleben in den verschiedenen Ländern witzige Abenteuer.

→ **Schwierigkeitsstufe / Aufwand**

Anspruchsvoll, da viele verschiedene Länder besucht werden.

→ **Altersstufe**

Alle Alterstufen können nach ihren Möglichkeiten beteiligt werden.

→ **Hauptpersonen**

- Erzähler
- Reiseleiter Herr Habakuk
- Drei Kinder: Thomas, Johannes, Friederike

→ **Die Personen aus den jeweiligen Ländern:**

- Nudeln und Spaghetti, Nudelfabrikbesitzer
- Löwe
- Krokodile
- Spinne
- verschiedene Fische, Hai mit Zahnschmerzen
- Delphine
- Pinguine
- chinesische Kinder
- Palastmaus

→ Weiter „Mitspielmöglichkeiten“
Bühnenhelfer

→ Bühnenbild / Schauplätze / Ausstattung

- Um aufwändige Umbauten zu vermeiden, die einzelnen Stationen lieber mit wenigen, aber eindeutigen Attributen darstellen: Tücher, zugehängtes Klettergerüst mit Stoffen als Liane.
- Zusätzlich typische Großbilder zu den jeweiligen Ländern malen und im Hintergrund aufhängen oder von Kindern halten lassen.
- Reisebüroschild, diverse Teppiche
- Tiere: einfache Kostüme z.B. aus dem Faschingsfundus oder mit farblich passendem T-Shirt/Leggings. Nicht übertreiben!
- Größere Tiere z.B. der Hai werden auf ein Stück Pappe gemalt und von einem dahinter stehenden Kind getragen.
- Nudeln/Spaghetti: gelbe T-Shirts/Leggins oder gelb angemalte Röhren.
- Meer: langes blaues Tuch oder Abdeckfolie

→ Tipps zum Einstudieren

- Die verschiedenen Länder und ihre Besonderheiten mit den Kindern erforschen und im Spiel umsetzen. Von zu Hause Urlaubsandenken aus den verschiedenen Ländern mitbringen lassen.
- Ein Erzähler begleitet das Geschehen auf der Bühne. Je nach Fähigkeit der Kinder können diese die einzelnen Szenen selbstständig gestalten oder spielen zu dem, was der Erzähler sagt.
- Statt eines Erzählers kann eine Erzieherin die Rolle des Herrn Habakuk übernehmen.

→ Variationen / Erweiterungen

- Die vorgegebenen Ideen können durch eigene Reiseziele ergänzt oder ersetzt werden. Wichtig ist, dass es im Traumbereich bleibt und nicht nur aus stereotypen Ansichten des Landes besteht.
- Passend zu den einzelnen Reisezielen ein Lied erfinden.
- Es könnte eine Fortsetzungsgeschichte entstehen, weil immer neue Länder besucht werden.

1. Szene Vor dem Teppichreisebüro Habakuk

Das Reisebüro von Ferdinand Habakuk ist kein normales Reisebüro. Herr Habakuk verkauft Reisen auf dem fliegenden Teppich und hat Kunden aus aller Welt.

Die Kunden haben eine große Auswahl. Er verkauft lange, schmale Teppiche, die sehr schnell fliegen und in Windeseile einmal um die Welt eilen.
Es gibt riesige Teppiche für eine große Familie mit Vater, Mutter, Onkel, Tanten, Cousins und Cousinen. Die fliegen bis zum nächsten schönen Strand, setzen die Urlauber dort ab und holen sie in zwei Wochen wieder in die Heimat zurück.
Es gibt kleine Teppiche mit einem schönen Muster. Das sind die, die ruhig und gemütlich über die Landschaft dahinziehen, so dass man in Ruhe alles ganz genau anschauen kann.

Und dann gibt es die mittelgroßen Teppiche mit Fransen, die mal schnell, mal langsam fliegen und bei denen Ferdinand Habakuk verspricht, dass man damit viele Abenteuer erleben würde.

Thomas, Johannes und Friederike sind dicke Freunde. Sie wohnen gleich um die Ecke von Habakuks Reisebüro. Sie spielen gerne im Hof hinter seinem Laden. Wenn Herr Habakuk Zeit hat, fragt er die Freunde, ob sie mit ihm einen Ausflug machen möchten, weil er einen neuen Teppich testen wolle.

So auch heute. Er kommt mit einem mittelgroßen Teppich mit Fransen, der Abenteuer verspricht.
Klar sind die Freunde gleich mit dabei. Sie setzen sich mitsamt ihrem Brotzeittäschchen auf den Teppich. Herr Habakuk spricht die Weltreiseformel.

Mit den Kindern einen passenden Spruch erfinden.

Der Teppich macht erst keinen Mucks. Dann rüttelt es ein wenig, es schüttelt alle etwas durcheinander und ganz langsam erhebt sich der Teppich und sie fliegen los. Vorsichtig lugen die Kinder über den Rand. Was gibt es da unten nicht alles zu sehen.

Das Fliegen wird durch entsprechende Bewegungen simuliert.
Während des „Fluges“ wird das Bühnenbild abgebaut und neue Requisiten aufgebaut oder „laufen durch“, z.B. Häuser, Kirchen, Autos, Berge, Menschen – Kinder vom Teppich winken ihnen zu.
Die Kinder erzählen und zeigen sich gegenseitig, was sie sehen.

„Sollen wir landen?“, fragt Herr Habakuk. „Au ja. Wo sind wir hier?“ „In Italien.“ „Das sieht ja ganz anders aus, als ich es mir vorgestellt habe.“

2. Szene Italien

Sie landen inmitten einer Wiese. Aber das ist keine normale Wiese. Es stellt sich heraus, dass alles aus Nudeln und Spaghetti besteht: große und kleine Nudeln, lange, dünne, dicke Spaghetti, gerollte und gedrehte Nudeln, Schmetterlingsnudeln und Tortellini. Ganz neugierig sehen sich die Kinder um. Das haben sie noch nie gesehen. Vorsichtig kosten Sie davon. Das schmeckt sogar lecker. Sie sind doch wirklich in einer riesigen Nudelfabrik gelandet.

Phantasiename der Fabrik auf einem großen Schild.

Fabrikbesitzer: „Bambinis! Wollt ihr gleich die Finger davon lassen!"

Da kommt der Fabrikbesitzer und fuchtelt mit den Armen. Die Kinder erschrecken sehr. Sie laufen zum Teppich zurück. Das ist leichter gesagt, als getan. Sie verfangen sich in den Spaghettis und Nudeln und kommen nur schlecht vorwärts. Endlich schaffen sie es mit einem großen Sprung auf ihren Teppich. Der fliegt gleich los.

„Na, das war jetzt nicht so schön."
Friederike versteckt noch schnell die Tortellini in ihrer Tasche, die sie als Andenken mitgenommen hat.
Schwuppdiwupp fliegen sie über das Wasser und sind weg.

3. Szene In Afrika

Es wird immer wärmer und sie müssen sich mit Sonnenmilch eincremen, weil die Sonne ganz erbarmungslos strahlt. Unter ihnen liegt viel Sand, ab und zu sieht man etwas Wasser und eine Palme. Sie sind doch wirklich schon in Afrika.

Thomas: „Da möchte ich landen."

Sanft landet der Teppich am Rand einer Düne.

Johannes: „Oh, ist es hier heiß."
Thomas: „Ich sehe einen schönen Palast!"
Er rennt in diese Richtung los.

Friederike: „Halt, nein, das ist eine Fata Morgana. Diesen Palast gibt es in Wirklichkeit nicht.
Thomas: „Was ist eine Fata Morgana?“
Friederike: „Das ist eine Luftspiegelung“

Plötzlich brüllt es hinter den Kindern ganz laut. Sie haben einen Löwen bei seinem Mittagsschlaf gestört. Dieser ist aufgewacht und mürrisch. Er setzt zum Sprung an, um die Kinder zu vertreiben.
Friederike und Johannes wollen schon losrennen, als Thomas sie zurückhält und seltsamerweise zu singen anfängt. Er summt ein Schlaflied und mitten im Sprung schläft der Löwe ein.

Aktuelles Schlaflied wählen.

Die Kinder atmen auf. Sie nehmen noch jeder eine Handvoll Sand mit und besteigen den Teppich zum Weiterfliegen.

Unter ihnen breitet sich das Meer aus. Lange fliegen sie dahin und können sogar den Delphinen beim Spielen zusehen.

4. Szene Im Dschungel

Da kommen sie wieder an eine Küste. Sie können einen riesigen Fluss sehen.

Friederike: „Wo sind wir jetzt?“
Herr Habakuk: „Im Dschungel.“

Sie landen inmitten der hohen Bäume auf einem kleinen Stück Wiese. Neugierig springen sie von ihrem fliegenden Teppich und untersuchen die Gegend.

Johannes geht ganz nah an die Bäume. Da hängen wunderschöne Lianen. Er versucht an einer den Baum hochzuklettern.

Herr Habakuk: „Vorsicht! Hinter dir lauert eine große giftige Spinne. Man darf hier nicht einfach so unbedarft losgehen."
Vor Schreck klettert Johannes nicht mehr weiter.

Thomas: „Macht nichts!"
Thomas zieht sein Lupenglas aus der Tasche, schleicht sich vorsichtig an und schwuppdiwupp ist die Spinne eingefangen.

Johannes: „Nehmen wir die mit?"
Herr Habakuk: „Nein, die gehört hierher."
Thomas: „Na gut, dann lassen wir sie weit weg von unserem Teppich wieder frei."

Sie sind noch dabei die Spinne wegzubringen, als plötzlich ein furchtbares Spektakel vom Fluss zu hören ist.

Kinder: „Was ist denn das?"
Sie gehen vorsichtig in die Richtung, aus der das Geräusch zu hören war. Und was sehen sie? Da sind sechs Krokodile und machen einen Höllenlärm. Sie fragen das Oberkrokodil, was das soll.
Oberkrokodil: „Wir proben für das Dschungelkonzert. Aber das klappt noch nicht so recht."
Kinder: „Wir könnten euch helfen"
Gemeinsam bringen sie den Krokodilen ein Lied bei.

z.B. „He, Elefant" (Der Dschungelsong) von Stephen Janetzko, in: 55 Lieblingslieder für Krabbelkinder, Don Bosco 2008.

Herr Habakuk: „Schnell, wir müssen weiter. Ich habe noch viel vor mit euch."

5. Szene Karibik

Beim Weiterflug beginnt der Teppich plötzlich zu ruckeln und sich zu drehen. Was ist das? Sie sind in einen Tornado geraten. Beinahe wird es ihnen übel. Plötzlich fällt Thomas vom Teppich, weil er sich nicht richtig festgehalten hat. Gott sei Dank sind sie ganz nah über dem Wasser.
Vorsichtig landen sie auf dem Wasser. Herr Habakuk erklärt ihnen, dass sie in der Karibik gelandet sind.
Die Kinder haben Lust, die Welt unter Wasser anzusehen. Sie können alle gut tauchen. Herr Habakuk ermahnt sie noch, dass sie nichts anfassen und mitnehmen dürfen.

Mit ausgebreiteter Malerabdeckfolie, die von beiden Seiten bewegt wird, das Wasser darstellen. Dazwischen schwimmen kleinere Kinder als Fische.

Plötzlich taucht hinter den Kindern ein Hai auf. Sie erschrecken, bis sie merken, dass der Hai weint.
Mutig erfragen sie, was er hat und bekommen zur Antwort, dass er an Zahnschmerzen leidet. Die Kinder lassen sich den kaputten Zahn zeigen und mit vereinten Kräften ziehen sie ihn heraus. Friederike opfert ihr Halstuch und bindet es dem Hai um das Maul. Erleichtert schwimmt er davon.

Die Kinder und Herr Habakuk tauchen wieder auf und nehmen Platz auf dem Teppich zur Weiterreise. Dieses Mal fliegen sie sehr lange. Kurz bevor es langweilig wird, landen sie in China.

6. Szene China

Sie werden von einer Gruppe chinesischer Kinder begrüßt, die alle gleich angezogen sind. Thomas und Johannes fragen gleich, ob sie ihnen ein paar tolle Judogriffe zeigen können.
Ganz bestimmt können einige Kinder ein paar Judogriffe!

Friederike ist neugierig und möchte wissen, ob das Essen mit Stäbchen schwer ist. Die chinesischen Kinder lachen. Sie kennen nichts anderes und haben das schon früh gelernt.
Doch Thomas, Johannes und Friederike haben mehr Lust, mit den Stäbchen Mikado zu spielen. Sie sind fast fertig, als Herr Habakuk sie wieder zu sich ruft. Sie winken sich zum Abschied zu. Alle haben noch ein Paar Stäbchen zum Über mitbekommen.

7. Szene Am Südpol

Friederike möchte endlich einen echten Pinguin sehen. Sie fliegen an den Südpol. Dort ist es richtig kalt. Sie ziehen alle Jacken an, die sie dabei haben, stampfen mit den Füßen und rubbeln sich gegenseitig warm.
Leider sind keine Pinguine zu sehen. Sie laufen herum und suchen. Alles ist weiß.
Plötzlich hören sie laute und ziemlich schnelle Musik. Sie kommen ihr immer näher. Da tauchen doch wirklich eine ganze Reihe von Pinguinen auf und tanzen Rock´n Roll. Die Pinguine laden die Kinder ein mitzutanzen. Das ist eine gute Idee. Es ist auf einmal nicht mehr kalt.

Herr Habakuk schaut auf seine Uhr und meint geheimnisvoll: „Kinder wir müssen leider weiter fliegen. Wir haben noch eine wichtige Verabredung."

Neugierig wollen die Kinder wissen, wo es nun hingeht. Aber Herr Habakuk verrät nichts.

8. Szene England

Erst als sie direkt vor dem Buckingham Palast in London landen, rufen die Kinder, dass sie wohl in England sind.

Friederike: „Können wir die Königin besuchen?"
Herr Habakuk: „Nein, die Königin ist zur Zeit nicht da. Aber wir haben eine Verabredung zum Tee mit der Palastmaus. Sie ist eine alte Freundin von mir."

Da taucht auch schon Fräulein Genoveva, die Palastmaus, auf und bittet die Gäste an einen kleinen schön gedeckten Tisch mit feinem Geschirr und duftenden Plätzchen. Ganz vorsichtig trinken die Kinder Tee und loben die Kekse.

An dieser Stelle eine richtig feine Teezeremonie darstellen, mit durchaus etwas „gestelzter" Sprache.

Nach einer Weile werden die Kinder unruhig und möchten wieder nach Hause zurückfliegen.

Johannes: „Ich habe Hunger und möchte zurückfliegen. Bei uns gibt es heute Bratkartoffeln zum Abendessen."
Thomas: „Und ich bin müde, so viel habe ich gesehen."
Friederike: „Ich möchte meinen Freundinnen von dieser tollen Reise erzählen."

Sie verabschieden sich höflich von der Palastmaus.
Hofknicks und Diener!

9. Szene Rückflug und Heimkehr

Der Heimflug dauert Gott sei Dank nicht so lange. Trotzdem schlafen alle drei Kinder ein. Herr Habakuk versucht ganz sanft zu landen. Er weckt sie vorsichtig auf.
„Oh. Schon daheim? Das ging aber schnell!"
„Auf Wiedersehen, Herr Habakuk und vielen Dank für diese tolle Fahrt."

Jetzt freu ich mich doch auf die Schule!

→ Thema / Lern- / Bildungsziele

- Vorbereitung auf die Schule
- Eine Geschichte, die den Kindern Mut machen möchte, sich auf das Neue zu freuen und den Kontakt zum Alten nicht zu verlieren.

→ Kurze Inhaltsangabe

Die Freundinnen Julia und Lisa kommen beide jeweils in eine andere Schule und sind darüber traurig.

→ Schwierigkeitsstufe / Aufwand

Anspruchsvoll

→ Altersstufe

Geeignet für die älteren Kinder

→ Hauptpersonen

- Julia und Lisa, zwei Kindergartenkinder, die in die Schule kommen
- Erzieherin Frau Müller, Lehrerin Frau Sommer
- Celina, ein Kindergartenkind aus einer anderen Einrichtung

→ Weitere Mitspielmöglichkeiten:

- Beliebig erweiterbar durch zusätzliche Kindergartenkinder, die in die Schule kommen und
- einige größere Kinder der 1. Klasse
- Eine Erzieherin für die Gruppe von Celina

→ Bühnenbild / Schauplätze / Ausstattung

- Kindergarten: Puppenecke, Stuhlkreis
- Klassenzimmer: einige Tische/Bänke, Tafel
- Pausenhof – kann im Zuschauerbereich liegen

→ Tipps zum Einstudieren
Die Situation dürfte den meisten Kindern bekannt sein. Das Stück kann sich aus einem Rollenspiel „Schule" entwickeln, nachspielen von Alltagssituationen im Kindergarten.

→ Variationen / Erweiterung
Ein Lied zur Begrüßung der Schulkinder

Erzähler: Julia und Lisa sind beide sechs Jahre alt und gehen in die Blumengruppe. Sie spielen am liebsten in der Puppenecke. Zurzeit ist im Kindergarten jede Menge los, denn das Jahr ist bald zu Ende. Die „Großen", zu denen auch Julia und Lisa gehören, haben fleißig ihre Schultüten gebastelt.

1. Szene Puppenecke, dann Stuhlkreis

Julia und ihre Freundin Lisa spielen in der Puppenecke.
Auf einmal wird Julia ganz traurig.

Lisa: „Mit dir kann man heute nicht spielen. Du bist so traurig."
Julia: „Ich bin traurig, weil du mit mir nicht in die gleiche Schule kommst."

Die Erzieherin holt die Kinder zum Stuhlkreis zusammen. Sie erzählen, warum sie sich auf die Schule freuen, was sie darüber wissen oder warum sie vielleicht nicht in die Schule möchten.

Mit den Kindern mögliche Antworten und Fragen ausdenken, z.B.:

- *„Ich freue mich, weil ich dann meiner Schwester ein Buch vorlesen kann."*
- *„Ich darf dann endlich meinen neuen Schulranzen nehmen, denn jetzt muss er im Schlafzimmer bei Mama und Papa im Schrank stehen!"*
- *„Ich freu mich am meisten auf die Pausen, denn da kann man im Hof Fußball spielen!"*

- *„Dann bin ich endlich ein Schulkind und kein kleines Kindergartenkind mehr und darf auch alleine zur Schule gehen!"*
- *„Ich weiß, dass man da immer ganz früh aufstehen muss, denn die Schule beginnt vor dem Kindergarten und man muss da ganz pünktlich sein, sonst schimpft die Lehrerin und man muss Strafaufgaben machen."*
- *„Nach der Schule muss man Hausaufgaben machen und darf nicht gleich zum Spielen gehen."*
- *„Manchmal muss man auch ein Gedicht auswendig lernen, zum Beispiel zum Muttertag oder wenn der Nikolaus kommt."*

Julia meldet sich und sagt traurig: „Ich will nicht in die Schule gehen. Dann hab ich keine Freundin mehr."

Die **Erzieherin** tröstet Julia: „Aber Julia, du findest bestimmt neue Freunde in deiner Schule, da bin ich mir ganz sicher. Du bist so ein liebes Mädchen, da sind bestimmt viele froh, wenn sie dich zur Freundin haben können!"

2. Szene Vorschulkinder auf dem Weg in die Schule

Erzähler: Ein paar Tage später dürfen die Vorschulkinder einen Vormittag in die Schule gehen.

Während auf der Bühne das Klassenzimmer aufgebaut wird, laufen die Kinder den Weg durch das Publikum. Julia läuft traurig an der Hand der Erzieherin.

3. Szene In der Schule

Erzähler: Die Kinder werden von den Schülern der 1. Klasse freundlich mit einem Lied begrüßt und sie dürfen sich zwischen die anderen in die Schulbänke setzen.

Die Lehrerin, Frau Sommer, beginnt mit dem Unterricht.
Die Kinder aus der 1. Klasse sind ganz stolz, den Kindergartenkindern zu zeigen, wie gut sie schon lesen können.

Hier können Kinder, die schon lesen oder rechnen können zeigen, was sie „gelernt“ haben.

Frau Sommer hängt fünf Bilder auf. Die Kinder sollen diese Bilder in die richtige Reihenfolge bringen.

Die Geschichte wird vorher mit den Kindern erfunden und gemalt. Es kann sich hierbei um ein bekanntes Märchen handeln.

Julia meldet sich als einzige und kann die Geschichte erzählen. Als sie fertig ist, bekommt sie ein großes Lob von der Lehrerin. Auch die Schulkinder schauen sie bewundernd an. Julia freut sich.

4. Szene Auf dem Pausenhof

Ein Klingelton läutet die Pause ein.
Mit den Kindern überlegen, was alles in der Pause in der Schule gemacht wird und darstellen:
Gummitwist, Fangspiele, Brotzeit, Verstecken, Klatschspiele, Erzählen ...

Julia packt ihre Brotzeit aus. Ihr fällt ein Mädchen auf, das traurig und alleine auf einer Bank sitzt. Sie geht zu ihr hinüber.
Es entwickelt sich folgender Dialog zwischen den beiden Mädchen:

Julia: „Ich heiße Julia und du?“
Celina: „Ich bin Celina. Kommst du auch in diese Schule?“
Julia: „Ja. Ich kenne hier niemanden und bin deswegen traurig.“
Celina: „Ich kenn hier auch gar niemanden. Ich habe keine Freundin mit der ich in die Schule gehen kann!“

Julia: „In welche Klasse kommst du denn?"
Celina: „Ich komme in die 1b."
Julia: „Da komm ich auch hin! Dann sind wir ja in derselben Klasse."
Celina: „Vielleicht können wir ja nebeneinander sitzen? Das wäre toll!"
Julia: „Das ist eine gute Idee! Dann bin ich nicht mehr allein."

Julia verabschiedet sich. Sie muss wieder zurück zum Kindergarten und auch Celina wird von ihrer Erzieherin gerufen.

5. Szene Wieder im Kindergarten

Als Julia wieder in den Kindergarten kommt, wartet Lisa schon auf sie.

Lisa: „Wie war es bei dir?"
Julia: „Es war ganz toll, ich habe eine Geschichte erzählt und die Lehrerin war ganz nett und hat mich gelobt. Und dann habe ich im Pausenhof Celina getroffen, ein Mädchen von einem anderen Kindergarten, das alleine da saß. Wir kommen in dieselbe Klasse und wollen uns nebeneinander setzen."

Diese Geschichte kann Julia auch gut mit eigenen Worten wiedergeben.

„Wie war es bei dir?"

Lisa: „Bei mir war es auch schön, wir haben gerechnet und ich weiß jetzt schon was 2+2 ist, nämlich 4! Ich freu mich auf die Schule!"
Julia: „Ich freu mich auch auf die Schule! Und wenn wir dann richtige Schulkinder sind, besuche ich dich am Nachmittag und erzähl dir von meiner Schule. Denn du bleibst immer meine beste Freundin!"

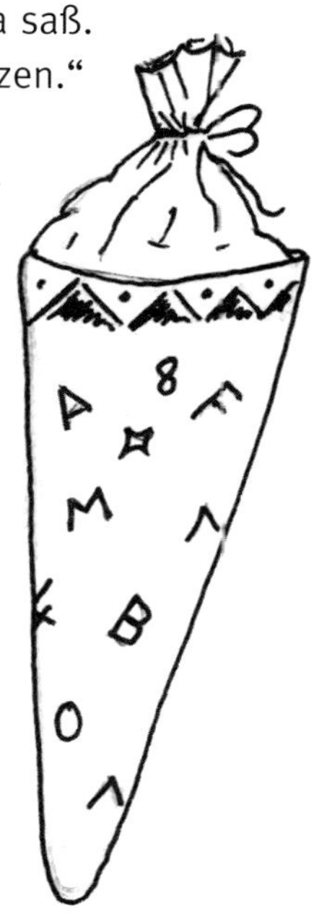

„Ich bin du und du bist ich“ Rollentausch in der Familie

→ Thema / Lern- / Bildungsziele

• Empathie • In der Familie helfen wir zusammen

→ Inhalt

Die Mutter beklagt sich, dass sie den ganzen Haushalt allein machen muss. Sven und Annika haben keine Lust mitzuhelfen, weil sie lieber spielen möchten. Sie kommen auf die Idee, für einen Tag mit den Eltern die Rollen zu tauschen.

→ Schwierigkeitsstufe / Aufwand

- Anspruchsvoll in der Umsetzung der Szenen
- Einfach vom bühnentechnischen Aufwand

→ Altersstufe

Geeignet für die älteren Kinder

→ Hauptpersonen

Sven, Annika, Vater, Mutter, Erzieherin, Lehrerin

→ Weitere Mitspielmöglichkeiten:

Hauskatze, weitere Kinder in der Kindergarten- oder Schulszene

→ Bühnenbild / Schauplätze / Ausstattung

- Küche/Esszimmer/Kinderzimmer/Garten: können auf der Bühne gleichzeitig mit wenigen Mitteln aufgebaut sein: Herd, Tisch/vier Stühle, Betten, Spielecke • Kindergarten: Brotzeittisch • Schulzimmer: Schultisch, Stuhl, Tafel • eher alltägliche Gegenstände

→ Tipps zum Einstudieren

Das Thema der einzelnen Szenen dürfte den meisten Kindern vom Alltag her bekannt sein. Das Stück kann sich aus einem „Vater-Mutter-Kind-Rollenspiel“ heraus entwickeln.

1. Szene Vorgeschichte

Erzähler: Wir erzählen euch heute eine verrückte Geschichte.
In dieser Geschichte kommen zwei Kinder vor:
Sven und Annika.
Ihre Eltern: Mama und Papa
Zur Familie gehört eine kleine Katze.
Es spielen weiter mit:
Die Lehrerin von Sven. Er geht in die 1. Klasse der Brunnenschule.
Die Erzieherin der Mäusegruppe, in die Annika jeden Tag geht.
Die Familie wohnt in einem hübschen Haus am Stadtrand mit rosa Fensterläden und einem großen Garten.

Bei der Nennung der verschiedenen Rollen treten die entsprechenden Kinder vor und verbeugen sich.

2. Szene Am Abend zu Hause

Erzähler: Unsere Geschichte beginnt damit, dass es kurz vor dem Abendessen ist. Annika und Sven haben den ganzen Nachmittag mit den Legosteinen und mit der Katze gespielt.
Die Mutter hat aufgeräumt, geputzt und gekocht.
Papa kommt nach Hause, begrüßt alle und geht in den Garten, um die Blumen zu gießen. Nach einiger Zeit ruft die Mutter aus der Küche.

Mutter: „Kommt ihr bitte und deckt den Tisch!“
Erzähler: Sven und Annika spielen weiter, sie haben keine Lust zu helfen.
Die Mutter ruft ein zweites Mal: Die Beiden gehen mürrisch in die Küche und decken missmutig den Tisch.
Annika und Sven schimpfen dabei: „Immer müssen wir das machen!“
„Wir wollen viel lieber noch spielen.“
Mutter: „Ihr könnt mir ruhig helfen, ich mache hier sonst alles alleine!“

Erzähler: Endlich sitzen sie gemeinsam beim Abendessen. Das Kätzchen hat es sich neben dem Tisch bequem gemacht.
Sie wünschen sich einen guten Appetit.
Als sie mit dem Essen fertig sind, hat die Mama einen Wunsch.
Mutter: „Ihr helft mir beim Abspülen. Bevor ihr ins Bett geht, räumt ihr euer Zimmer auf, da sieht es wieder schlimm aus!“
Annika: „Ach, Mama, ich habe keine Lust zum Aufräumen. Ich möchte lieber noch ein bisschen im Garten spielen.“
Sven: „Ich möchte viel lieber noch mit der Katze spielen.“
Mama: „Wisst ihr was? Ich habe auch nicht immer Lust für euch aufzuräumen, zu kochen, zu putzen, Wäsche zu waschen und mich dann noch um den Garten zu kümmern! So schön wie ihr will ich es mal haben, immer nur das tun, wozu ich Lust habe!“
Papa: „Stimmt und ich muss jeden Tag in die Arbeit gehen.“
Da hat **Annika** plötzlich eine Idee: „Wir spielen, dass wir Mama und Papa sind. Du und Papa sind jetzt mal wir!“
Erzähler: Mama und Papa stutzen und überlegen. Dann finden sie die Idee gar nicht so schlecht.
Mama: „OK, das machen wir. Morgen bin ich Annika und darf spielen und du Annika kochst und putzt.“
Papa: „Und ich bin Sven und kann im Garten spielen und du Sven, räumst auf und jätest das Unkraut im Garten.“
Annika: „Und ich bin die Annika-Mama, koche das Essen und putze.“
Sven: „Und ich bin Sven-Papa und arbeite im Garten.“
Erzähler: An diesem Abend gehen alle ganz früh ins Bett und sind gespannt auf den nächsten Tag.

3. Szene Am nächsten Morgen

Erzähler: In der Früh klingelt Mamas Wecker. Mama bleibt liegen, denn das Wecken ist die Aufgabe der Kinder. Da kommen auch schon Sven und Annika ins Zimmer.
Annika und Sven: „Aufstehen, ihr Schlafmützen!“

Mama/Papa: „Noch fünf Minuten bitte!"
Sven: „Nein, ihr müsst in die Arbeit."
Mama: „Ist das Frühstück denn schon fertig?"
Annika: „Oh, das haben wir ganz vergessen."
Erzähler: Das gefällt Annika und Sven gar nicht, aber sie haben ja ausgemacht, die Aufgaben von Mama und Papa zu übernehmen.
Schnell laufen sie in die Küche und decken den Tisch.
Mama und Papa kommen zum Frühstück und rufen gleichzeitig, was sie alles haben möchten.
Papa: „Annika-Mama, wir haben Hunger und ich will einen Kakao."
„Sven-Papa ich muss meinen dicken Ordner in die Arbeit mitnehmen. Bitte pack mir meine Tasche."
Erzähler: Sven und Annika müssen lachen, weil sie das lustig finden, dass ihre Eltern sie mit Mama und Papa ansprechen.
Heute ist das Frühstück doch ganz anders. Der Kakao schmeckt nicht so gut und als sich die Kinder zum Frühstücken setzen wollen, mischt sich Papa ein, weil es schon spät ist und alle müssen los in die Schule und in den Kindergarten.
Für das Frühstück bleibt keine Zeit. Annika stellt fest, dass das Pausenbrot auch nicht gemacht ist. Zum Glück ist immer Obst und Joghurt zu Hause und sie packen schnell etwas in die Kindergartentasche und in den Schulranzen.
Die Katze bekommt auch noch ihr Frühstück.
Alle rennen aus dem Haus.

4. Szene In der Schule

Erzähler: Sven sitzt noch etwas verschlafen in der Schule. Er hat in der ersten Stunde Rechnen. Er packt seine Bücher aus und erschrickt. Da kommt die Lehrerin an seinem Platz vorbei und stellt fest, dass er die falschen Bücher dabei hat und auch die Hausaufgaben vergessen hat.
Die Lehrerin fragt, was denn heute los ist.
Sven erklärt es ihr. „Ich bin Papa und mein Papa spielt mich."

Da läutet es und die Stunde ist aus.

5. Szene Im Kindergarten

Annika sitzt im Kindergarten in der Mäusegruppe am Brotzeittisch. Unzufrieden knabbert sie an ihren Keksen. Da kommt die Erzieherin und fragt, was denn los ist.

Annika erklärt es ihr. „Ich bin Mama und meine Mama spielt mich.“

6. Szene Nachmittags daheim

Erzähler: Wollt ihr wissen, wie die Geschichte am Mittag daheim weiter geht?
Annika und Sven sind vom Kindergarten und von der Schule wieder daheim.
Sie wollen in ihr Zimmer zum Spielen gehen, da kommt Mama.
Mama: „Na, was gibt es denn heute zum Mittagessen? Ich hab solchen Hunger!“
Annika: „Ich bin auch hungrig. Aber ich weiß nicht, was ich kochen soll. Los Sven hilf mir beim Mittagessen!“
Erzähler: Gemeinsam richten sie Wurst und Brot her. Papa ist damit nicht einverstanden. Er möchte etwas anderes essen:
Papa: „Ich will Spaghetti Bolognese.“
Sven *ganz bestimmt*: „Es wird nicht gemeckert. Es wird gegessen was auf den Tisch kommt!“
Erzähler: Aber wenn Sven ganz ehrlich ist, würden ihm jetzt Fischstäbchen auch besser schmecken.
Alle vier sitzen schweigend am Tisch und essen ihr Brot.
Als sie fertig sind, verteilt Annika die Arbeit.
Sie freut sich, dass sie ihr Zimmer nicht selber aufräumen muss.

Wollt ihr wissen, wie die Geschichte am Nachmittag weiter geht?

Annika spült das Geschirr ab.
Sven zupft das Unkraut im Garten.
Mama und Papa gehen in ihr Zimmer, um es aufzuräumen.
Als die Eltern fertig sind, treffen sie sich zum Spielen im Garten. Sie sitzen in der Sonne und spielen mit der Katze.

Annika und Sven sind noch mit ihren Aufgaben beschäftigt und schauen ziemlich neidisch auf ihre Eltern, die vergnügt im Sandkasten spielen. Kurz vor dem Abendessen sind die beiden Kinder immer noch nicht fertig und wissen aber, dass das Abendbrot auch noch gemacht werden muss. Da kommen Annika und Sven zusammen und jammern:

Sven: „Puh, ich kann nicht mehr!“
Annika: „Und ich will nicht mehr, ich habe keine Lust mehr!“
Sven: „Was machen wir?“
Annika: „Wir müssen mit Mama und Papa reden.“
Sven/Annika *gemeinsam*: „Mama, Papa, wir müssen mit euch reden.“
Erzähler: Doch die Eltern reagieren nicht. Sie sitzen vergnügt im Sandkasten und backen mit den Förmchen die tollsten Kuchen. Die Katze liegt daneben und sonnt sich.
Sven und Annika rufen noch einmal. Die Geschwister wundern sich, aber klar, das sind heute nicht Mama und Papa, sondern Annika und Sven. Deshalb rufen sie noch einmal:
Sven/Annika *gemeinsam*: „Annika, Sven!“
Erzähler: Endlich kommen Mama und Papa.
Annika/Sven: „Mama und Papa wir müssen mit euch reden!
Wir wollen dieses Spiel nicht mehr weiter spielen. Wir haben verstanden, dass ihr wirklich viel für uns tut und dass eure Arbeit viel anstrengender ist als nur ein bisschen Zimmer aufzuräumen. Bitte lasst uns wieder Sven und Annika sein, wir wollen wieder, dass ihr unsere Eltern seid.“
Erzähler: Mama und Papa blicken sich zufrieden in die Augen und müssen schmunzeln und sagen:
Mama/Papa: „Einverstanden!“
Annika/Sven: „Es ist gut so wie es ist und wir räumen jetzt immer unser Zimmer auf! Wir haben euch lieb!“
Erzähler: Annika und Sven fallen ihren Eltern in die Arme und Papa hat den besten Vorschlag.
Papa: „Wir gehen jetzt zusammen Pizza essen.“

Plötzlich bin ich Bruder!

→ Thema / Lern- / Bildungsziele
Umgang mit einer neuen Situation

→ Inhalt
Nils hat eine Schwester bekommen und ist traurig, weil sich die Eltern anscheinend nur um sie kümmern. Er beschließt wegzugehen, stellt am Ende jedoch fest, dass seine Eltern ihn lieb haben wie immer.

→ Schwierigkeitsstufe / Aufwand
Anspruchsvoll

→ Altersstufe
Geeignet für die älteren Kinder

→ Hauptpersonen
Mama, Papa, Nils, Marco, ein Freund von Nils, verschiedene Nachbarn

→ Weitere Mitspielmöglichkeiten
Katze, Anrufer, Briefträger

→ Bühnenbild / Schauplätze / Ausstattung
- Der Garten mit Baumhaus (großer Karton) könnte neben der Bühne aufgebaut sein.
- Die Wohnung wird auf der Bühne mit Wohn-/Esszimmer, Schlafzimmer der Eltern und Kinderzimmer mit normalen Möbeln aufgebaut. In einer Ecke steht eine Wiege mit rosa Bettzeug und einer Spieluhr.

→ Tipps zum Einstudieren
Zur Vorbereitung dient ein Gespräch mit den Kindern über diese Situation. Sie schildern, wie sie sich dabei gefühlt haben. Die Aussagen in den Text einbauen.

1. Szene Im Garten

Nils und sein Freund Marco spielen Räuber und Gendarm. Das Spiel läuft im Zuschauerraum.

Erzähler: Nils ist sechs Jahre alt und wohnt mit seinen Eltern in einem schönen Haus direkt am Wald. Dort kann man prima spielen und täglich begegnen einem neue Abenteuer.
Nils geht in den Kindergarten und hat dort viele Freunde. Sein bester Freund ist Marco. Mit ihm trifft er sich oft am Nachmittag. Die Mama von Nils bekommt bald ein Baby und deswegen kann sie nicht mehr so oft mitspielen. Es fällt ihr schwer, mit dem dicken Bauch so wild herumzutollen. Das findet Nils schade. Aber er freut sich auch auf ein Geschwisterchen.
Er erzählt Marco, was er darüber denkt.

Setzen sich an den Bühnenrand.

Mit den Kindern überlegen, warum man sich auf ein Geschwisterchen freut, z.B.
„Dann bin ich nicht mehr allein."
„Dann habe ich jemanden zum Spielen."

Und warum man sich vielleicht nicht freut, z.B. :
„Dann muss ich Mama und Papa teilen."
„Dann haben Mama und Papa nicht mehr so viel Zeit für mich."

2. Szene Wohnzimmer

Erzähler: Die Schwester ist da! Mama und Lea kommen vom Krankenhaus nach Hause. An der Tür hängt ein großes Willkommensschild.

Im Haus ist alles vorbereitet für die Ankunft von Lea. Das Zimmer ist schon seit Wochen fertig. Die Wände sind rosa gestrichen und über dem Babybett hängt eine Spieluhr, die hat früher mal Nils gehört.

Nachbarn kommen und möchten Lea ansehen. Mit den Kindern überlegen, wer kommen könnte und was diese sagen und vielleicht mitbringen.

Noch keine halbe Stunde später kommen die Nachbarn und gratulieren. Alles dreht sich nur um Lea.

Erzähler: Mama und Papa springen gleich, wenn Lea schreit.
Nils fährt mit seinem Auto durchs Zimmer.
Mama: „Sei bitte leise, deine Schwester schläft."

Sie bittet ihn, ihr eine frische Windel zu holen.
Nils wird langsam sauer. Er geht aus dem Zimmer und schlägt die Tür laut zu.

Mama: „Nils, das hast du absichtlich gemacht. Schau, nun weint deine Schwester. Zur Strafe gehst du auf dein Zimmer."

Nils geht in sein Zimmer und setzt sich traurig aufs Bett.
Vor lauter Wut beginnt er die Erwachsenen nachzuäffen, z.B.:
„Ach, ist die süß ...!"
„Die kann schon lächeln."
„Die blauen Augen hat sie vom Papa."

Erzähler: Nils ist enttäuscht, dass sich für ihn niemand mehr interessiert.
Nils: „Wenn ich das gewusst hätte, dann hätte ich mir keine Schwester gewünscht."

3. Szene Abendessen

Erzähler: Zum Abendessen gibt es Bratwürste.
Nils *schimpft*: „Ich mag doch keine Bratwürste, Mama!"
Mama: „Tut mir Leid Nils, aber das geht schnell und ich muss noch Lea stillen und sie fertig machen fürs Bett!"
Erzähler: Beim Zubettgehen geht heute alles ganz schnell: ausziehen, waschen, schlafen. Keine Gute-Nacht-Geschichte für Nils.
Er ist enttäuscht und ein bisschen sauer auf Lea. Mit feuchten Augen schläft er ein.

Erzählend begleiten oder die Kinder spielen die Szene weitgehend selbst.

4. Szene Nachts

Erzähler: Mitten in der Nacht wacht Nils auf und will zu Mama und Papa ins Bett. Als er die Schlafzimmertüre seiner Eltern öffnet, sieht er, dass Lea schon bei den Eltern im Bett liegt. Früher hat da immer nur er gelegen, wenn er nicht schlafen konnte.
Er atmet tief durch und trottet in sein Bett zurück. Er liegt noch lange wach und überlegt.
Dann packt er sein Bettzeug, schleicht sich leise aus dem Haus und klettert in sein Baumhaus.

Erzählend begleiten oder die Kinder spielen die Szene weitgehend selbst.

5. Szene Am nächsten Morgen im Garten

Erzähler: Nils schläft unruhig im Baumhaus und wird wach, als in der Früh jemand nach ihm ruft. Es ist der Papa. Vorsichtig schaut er hinaus.
Nils: „Sollen sie mich doch suchen. Ich bin ihnen doch sowieso nicht mehr wichtig."

Erzähler: Nun kommen noch die Mama mit Lea auf dem Arm und eine Nachbarin. Sie rufen nach Nils und suchen in allen Ecken vom Garten.

Mama, Papa und die Nachbarin sind sehr besorgt:
z.B.
„Es ist ihm doch hoffentlich nichts zugestoßen!“
„Vielleicht ist er im Wald.“
„Vielleicht ist er schon in den Kindergarten.“

Erzähler: Nils merkt, dass seine Eltern sich anscheinend wirklich Sorgen um ihn machen. Auf einmal ruft er: „Hier bin ich!“

Alle schauen gleichzeitig zum Baumhaus, Nils klettert jetzt herunter.
Seine **Mama** nimmt ihn ganz fest in den Arm. „Ich habe mir solche Sorgen gemacht.“
Nils: „Das glaub ich dir nicht Mama! Du kümmerst dich nur um Lea und ich bin dir ganz egal. Du hast mich gar nicht mehr lieb!“
Mama: „Ach, du mein Schatz, das stimmt doch gar nicht! Du bist doch mein Großer. Wir haben euch beide lieb!“
Nils: „Stimmt das, Mama? Ihr habt mich und Lea gleich lieb?“
Mama/Papa: „Ganz bestimmt!“

Mama und Papa umarmen Nils ganz fest und nehmen auch Lea in die Mitte.

Mama: „Möchtest du deine Schwester in ihre Wiege legen?“
Nils: „Gerne.“

Drei Feen retten den Wald

→ **Thema / Lern- / Bildungsziele**

- Umweltbewusstsein
- Füreinander da sein

→ **Inhalt**

Drei Feen kümmern sich darum, dass die Welt gesund wird und bleibt. Leider verhindert das der große Zauberer. Er sperrt eine Fee ein. Ihre beiden Freundinnen schaffen es, sie mit einem Trick wieder zu befreien.

→ **Schwierigkeitsstufe / Aufwand**

- Bühnentechnisch eher aufwändig.
- Ausreichend Zeit für die Ausstattung der Bäume, Blumen, Feen einplanen.

→ **Altersstufe**

Mitspielmöglichkeiten sind für alle Altersstufen gegeben.

→ **Hauptpersonen**

Waldfee Wisper, Teichfee Plitsch, Feldfee Husch, Zauberer, Maus

→ **Weitere Mitspielmöglichkeiten**

Tiere, Blumen, Bäume können von jüngeren Kindern dargestellt werden, Mond

→ **Bühnenbild / Schauplätze / Ausstattung**

- Auf der Bühne ist ein Wald mit kaputten Bäumen, einem Teich und einem Stück Wiese.
- Schild: „Müll abladen verboten“
- An der Seite ist das Tor vom Zauberschloss erkennbar.
- Ein dunkler Schlosskeller ist neben der Bühne aufgebaut.
- Die Feen bekommen entsprechend ihres Wirkungsgebietes ein Phantasiekostüm: Blau für die Teichfee, Braun und Grün für die Waldfee, buntes Blumenkleid für die Wiesenfee.

- Tiere/Blumen/Bäume: Kostüme z.B. aus dem Faschingsfundus oder mit farblich passenden T-Shirts/Leggings und Tüchern. Nicht übertreiben!

→ Tipps zum Einstudieren

Mit den Kindern Ideen dazu sammeln, was jeweils im Wald, auf der Wiese oder im Teich besonders geschützt werden muss.

→ Variationen/ Erweiterung

- Musikalische Untermalung
- Schlusslied

1. Szene Wald und Wiese

Begleitend erzählen, oder die Kinder spielen die Szene mit eigenen Worten.

Erzähler: Die kleine Waldfee Wisper ist wie jeden Tag fleißig unterwegs und pflegt die kranken Bäume. Abgase der Autos und der Heizungen, unachtsame Waldbesucher und saurer Regen hatten die Bäume krank gemacht. Die Zweige hängen traurig herunter, die Blätter sind mehr braun als grün und in fast jedem Baumstamm ist die Rinde eingeritzt.

Waldfee geht umher, gießt die Blumen, streicht zärtlich über die Rinde der Bäume, legt vielleicht sogar einen Verband an.

Die kleine Waldfee ist ziemlich verzweifelt, weil es viel Arbeit ist und nicht aufhören will. Sie hat den Eindruck, dass sie nichts bewirkt und es sogar immer schlimmer wird.

Der Weg zum Schloss des Zauberers könnte durch den Zuschauerraum führen.

So beschließt sie eines Tages, zum großen Zauberer zu gehen und ihn um Hilfe zu bitten.

2. Szene Am Tor des Zauberschlosses

Die Fee Wisper klopft mutig an das Tor. Der Zauberer öffnet langsam.

Zauberer: „Was willst du von mir?“
Fee Wisper: „Kannst du mir bitte helfen, den Wald wieder gesund zu machen?“

Zauberer *lacht boshaft*: „Das könnte dir so passen. Mir gefallen die kaputten Bäume viel besser. Wer glaubst du, sorgt ständig dafür, dass deine Bäume immer kränker werden?
Und weißt du was? So kleine liebe Feen wie dich mag ich überhaupt nicht. Ich sperr dich in meinen tiefsten Keller, dann kannst du keine Bäume mehr pflegen. Ich mag es, wenn alles kaputt geht!“

Zauberer zieht die Fee zu sich herein.

3. Szene Im tiefsten Keller

Erzähler: Nun sitzt die kleine Fee Wisper im tiefen Keller. Es ist kalt und dunkel. Nur ein kleiner Lichtstrahl kommt durch ein vergittertes Fenster ganz weit oben. Da kann sie nicht hinauf kommen.
Wisper beginnt vor lauter Verzweiflung zu weinen. Irgendwann schläft sie ein. Plötzlich merkt sie, dass sie etwas an der Nase kitzelt. Vorsichtig schlägt sie die Augen auf. Da steht eine kleine **Maus** vor ihr und fragt: „Warum weinst du?“
Fee Wisper: „Der große Zauberer hat mich eingesperrt, weil ich die Bäume gesund pflege.“

Maus: „Vielleicht kann ich dir helfen. Ich werde deine Freundinnen, die Teichfee Plitsch und die Feldfee Husch fragen. Vielleicht fällt ihnen etwas ein, wie wir dem Zauberer das Handwerk legen können."

Und schon saust die Maus zwischen zwei Ziegelsteinen davon.

4. Szene Am Teich

Begleitend erzählen oder spielen. Fee kann diverses Unrat aus dem See holen: Schuhe, Flasche, Karton ...

Erzähler: Die Teichfee Plitsch ist gerade dabei aus dem kleinen Tümpel alle möglichen Dinge herauszuangeln, die die Menschen dort hineingeworfen haben. Sie putzt die Schilder, die sie aufgestellt hatte: Abladen von Müll und Giftstoffen streng verboten! Später will sie noch etwas vom Teichunkraut herausfischen, damit der Teich wieder Luft bekommt.
Da kommt die Maus auf sie zugerannt und erzählt atemlos von Wispers Schicksal.

Maus erzählt mit eigenen Worten, was passiert ist.

Teichfee Plitsch: „Jetzt ahne ich, warum es so schwer fällt, den Teich sauber zu halten. Der große Zauberer verhindert das.
Da müssen wir sofort helfen. Wir holen noch Feldfee Husch. Gemeinsam fällt uns bestimmt mehr ein."

Schnell laufen sie weiter aufs Feld.

5. Szene Auf dem Feld

Begleitend erzählen oder spielen.

Die Feldfee Husch streut soeben Blumensamen aus, damit die Wiese im Sommer wieder bunter und vielfältiger blühen kann. Sie soll doch Heimat für viele Schmetterlinge, Insekten und Käfer sein.

Die Maus und die Teichfee Plitsch erzählen Husch, was passiert ist.

Kinder erzählen mit eigenen Worten.

Feldfee Husch: „Nun weiß ich, warum meine Blumen nicht richtig wachsen wollen. Wir müssen etwas dagegen unternehmen. Und vor allem müssen wir Wisper befreien."

Ideen der Kinder einbauen, wie der Zauberer überlistet werden könnte.

Teichfee Plitsch: „Wir könnten versuchen, den Zauberer zu erschrecken. Wir verkleiden uns ganz fürchterlich und schleichen uns an."
Feldfee Husch: „Dann bekommt er Angst und lässt Wisper frei. Am besten um Mitternacht. Dann meint er, wir sind Geister."
Teichfee Plitsch: „Wir treffen uns um Mitternacht am Schlosstor."

Feen laufen davon und kleiden sich ganz schrecklich.

6. Szene Um Mitternacht am Schlosstor

Erzähler: Teichfee Plitsch und Feldfee Husch klopfen nach dem letzten Schlag der Turmuhr an die große Tür. Sie sind richtig gruselige Gespenster in ihren weißen wallenden Gewändern. Beinahe erschrecken sie voreinander.

Um das schön schaurig zu gestalten, wird das Licht etwas abgedunkelt, wandert ein Mond über die Bühne und eine Turmuhr schlägt Zwölf.

Der Zauberer öffnet die Tür.

Feen: „Uuuaaaahhhhh! Huuuuuuuiiiihuuuu! Lass Wisper frei und verschwinde!"
Zauberer *lacht*: „So könnt ihr mir nicht erschrecken. Verschwindet ihr dummen Gören. Lasst mich in Ruhe!"

Erzähler: Er wirft das große Tor zu und sein Lachen kann man noch im ganzen Schloss hören.
Ganz traurig schleichen die beiden Feen davon.

7. Szene Auf dem Feld

Hier können Kinder, die Blumen und Bäume darstellen, ganz nahe an die Feen rücken und versuchen sie zu trösten.

Erzähler: Die beiden Feen sitzen betrübt da. Nun haben sie keine Ideen mehr. Da kommt die kleine Maus wieder, die alles mit angesehen hat.
Maus wispert: „Ich könnte mir vorstellen, dass der Zauberer sich durch nichts Hässliches, Dreckiges und Gruseliges erschrecken lässt. Vielleicht versucht ihr es mit dem Gegenteil."
Beide Feen gleichzeitig: „Gegenteil?"
Maus: „Mh! Alles sauber, blitzblank geschrubbt, duftend."
Fee: „Das probieren wir aus!"

Feen holen einen Waschzuber und plantschen, waschen und schrubben sich.

Erzähler: Schnell waschen und schrubben sich die beiden Feen bis sie glänzen, reinigen ihre Kleider und verwenden so gute Seife, dass sie wunderbar duften.
Es ist eine Freude, sie zu sehen und zu riechen.

8. Szene Am Schlosstor

Begleitend erzählen oder spielen.

Erzähler: Voller neuer Energie laufen die Feen zum Schloss des Zauberers. Mutig klopfen sie an.
Wütend öffnet der **Zauberer** das Tor: „Lasst mich endlich in Ruhe! Ihr schafft es sowieso nicht. Ich verwandle euch jetzt in kleine Schweine. Dann habe ich meine Ruhe!"
Erzähler: Der Zauberer will gerade mit seinem großen Zauberstab einen furchtbaren Spruch loslassen, als er

die blitzblanken Feen wahrnimmt, in ihren sauberen Kleidern, mit schön gekämmtem Haar und wohl duftend.
Es verschlägt ihm die Sprache und er fällt in Ohnmacht.
Die Feen jubeln.
Ganz langsam wacht der Zauberer wieder auf. Aber er ist seiner Kräfte beraubt.

Die Feen verlangen von ihm, ihre Freundin Wisper aus dem Keller frei zu lassen und ihnen zu helfen, eine saubere Umwelt zu schaffen.

Der Zauberer stimmt zu, wenn sie ihn nur in Zukunft in Ruhe ließen mit ihrem guten Duft und ihrem sauberen Aussehen. Er verschwindet in seinem Schloss und holt die Fee Wisper.
Dann schlägt er laut seine Türe zu.

9. Szene Wieder am Wald und auf der Wiese

Glücklich laufen die drei Feen zu ihrem Wald und ihrer Wiese.

Begleitend erzählen oder spielen.

Die Feen können hier wieder den Weg durch das Publikum gehen.

Dort sehen die Blumen schon viel glücklicher aus. Die Bäume heben kräftig ihre Äste gen Himmel.

Blumen und Bäume können sich bei den Feen bedanken. Die Maus kann auch noch einmal auftauchen.

Abenteuer aus der Hosentasche

→ **Thema/ Lern- / Bildungsziele**
- Phantasiegeschichte
- Kennenlernen vom Schattenspiel

→ **Inhalt**

Lustige und phantasievolle Geschichte um den Inhalt einer Hosentasche, die sich im Traum verselbstständigt. Die Geschichte kann mit den Ideen der Kinder ausgebaut werden.

→ **Schwierigkeitsstufe / Aufwand**

Mittel – Für die Umsetzung des Schattenspiels ausreichend Zeit einplanen.

→ **Altersstufe**

Ab 4 Jahre

→ **Hauptpersonen**

Thomas, die Mutter von Thomas, Freunde von Thomas, Verkäufer/ Verkäuferin

→ **Weitere Mitspielmöglichkeiten**
- Für das Schattenspiel werden noch zusätzlich ca. 3 Spieler benötigt.
- Das Schattenspiel kann mit Geräuschen untermalt werden.

→ **Bühnenbild / Schauplätze / Ausstattung**
- Die verschiedenen Schauplätze können mit wenigen passenden Requisiten angedeutet werden.
- Kindergarten: Bauecke
- Verkaufsladen: Verkaufstisch, evtl. vorhandenen Kaufladen benutzen
- Eisverkäufer
- Küche: Küchentisch, zwei Stühle, Herd

- Kinderzimmer: Bett, Tisch, Stuhl, Schattenspielwand hinter dem Bett

→ **Tipps zum Einstudieren**

Mit den Kindern die eigenen Hosentaschen leeren und die Schätze ansehen. Weiter überlegen, was darin alles gesammelt wird und wie man es verwenden könnte. Überlegen, in was es sich verwandeln kann.

Schattenspiel: In einer besonderen Probe nur das Schattenspiel ausprobieren. Die Objekte werden auf den Overheadprojektor gelegt und auf die Leinwand projiziert.

→ **Variationen/ Erweiterung**

- Anstelle des Schattenspiels können die Kinder sich auch selbst in „Monster aus der Hosentasche“ verwandeln und Thomas im Schlaf erschrecken.
- Die Schattenspielszenen können mit entsprechenden Geräuschen untermalt werden.

1. Teil Verschiedene Einsammelsituationen

Thomas, 5 Jahre, sammelt alles, was er findet und bewahrt es in seiner Hosentasche.

Die Kinder sammeln Ideen, was sie finden und mitnehmen würden:

- *Auf dem Weg zum Kindergarten einen interessanten Stein, eine Nuss oder eine Kastanie*
- *Vom Frühstück noch einen Rest von der Semmel*
- *Eine Murmel aus der Spielkiste*
- *Einen Eislöffel von gestern*
- *Vom Schreibtisch eine Büroklammer*
- *Von der Fahrt mit der Straßenbahn ein Ticket*
- *Einen Zettel und einen Rest Bleistift vom Küchentisch*
- *Einen Baustein vom Fußboden*

- *Einen kaputten Luftballon*
- *Ein benutztes Taschentuch*
- *Ein 50 Cent-Stück, ein Geschenk von der Tante*

2. Teil Die „Schätze“ werden gezeigt und benutzt

Thomas ist stolz auf seine gesammelten Schätze und zeigt diese seinen Freunden oder benutzt sie im Alltag.

Mit den Kindern überlegen, was man mit den „Schätzen“ aus der Hosentasche machen könnte. Daraus können sich folgende Szenen ergeben:

- *Thomas trifft sich mit seinen Freunden beim Spiel: Murmel aus der Tasche ziehen, Stück Bindfaden, um etwas anzubinden*
- *Nase läuft, Thomas holt sein altes Taschentuch heraus und putzt sich die Nase.*
- *Thomas kauft beim Bäcker ein paar Bonbons und sucht erst eine ganze Weile in seiner Tasche nach dem 50 Cent-Stück.*
- *Thomas zeigt seinem Freund ein tolles Fundstück: eine Wurzel und einen Stein mit einer seltsamen Maserung.*

3. Teil Das Abenteuer beginnt

Es ist Bettgehzeit. Thomas zieht sich aus und geht ins Bett.
Die Mama räumt die Hosentaschen aus und will den Inhalt wegwerfen. Thomas ist dagegen. Mama lässt alles auf dem Tisch liegen.
Sie gibt Thomas noch einen Gute-Nacht-Kuss und löscht das Licht.

Thomas schläft ein und beginnt zu träumen. In seinem Traum werden die Dinge aus seiner Hosentasche lebendig. Sie verwandeln sich in skurrile Gestalten und bedrohliche Monster.

Die Kinder erzählen, in was sich ein Gegenstand verwandeln kann und versuchen diese Träume im Schattenspiel darzustellen.

- *Ein Stück Papier faltet sich zum Boot und zieht mit dem Eislöffel als Paddel über die Leinwand.*
- *Das Wurzelstück erhält Arme und Beine und wandert „über das Bett hinweg."*
- *Die Kuchenkrümel werden zu einer Monsterfigur und bedrohen Thomas im Schlaf.*
- *Die Büroklammer öffnet sich und wird zusammen mit Kronkorken und Zahnstocher zu einer tanzenden Figur.*
- *Der alte Luftballon bläst sich auf, wird immer größer und platzt dann.*

Thomas wälzt sich unruhig im Bett umher, weil seine Träume immer bedrohlicher werden.
Endlich kommt die Mama ins Zimmer und weckt ihn. Alle Träume sind verschwunden. Thomas ist froh, aufstehen zu können und sieht gleich nach, ob seine Schätze noch da sind.
Es ist alles so, wie es am Vorabend war und sieht überhaupt nicht bedrohlich aus.

Streiten und Vertragen

→ Thema / Lern- / Bildungsziele
„Geschwisterliebe“

→ Inhalt
Dass sich Kinder streiten und wieder vertragen ist ja bekannt, aber dass das auch bei Prinzen und Prinzessinnen möglich ist, spielt in dieser kurzen Geschichte die Hauptrolle.

→ Schwierigkeitsstufe / Aufwand
Einfach bis mittel

→ Altersstufe
Geeignet für die mittlere bis ältere Altersstufe

→ Hauptpersonen:
Prinz, Prinzessin, Hofdame/ Dienerin, Diener

→ Weitere Mitspielmöglichkeiten
Blumen und Tiere (Frosch), die dem Spiel der königlichen Geschwister erst freundlich blickend zusehen und entsetzt aufschreien, als die Kinder ins Wasser fallen.

→ Bühnenbild / Schauplätze / Ausstattung
- Königlicher Garten mit Teich: der Teich wird mit blauen Tüchern dargestellt. Alternativ ein Plastikschwimmbecken, abgedeckt mit blauen und grünen Tüchern.
- Bild vom Schloss im Hintergrund auf einer Leinwand.

→ Tipps zum Einstudieren:
Spielerisch mit den Kindern einen Streitdialog entwickeln und danach die Szene gestalten.

→ Variationen
Die Rollen können durchaus umgekehrt sein, sodass der Prinz ins Wasser fällt und von der Prinzessin mutig gerettet wird.

Die Geschichte kann von einem Erzähler begleitet werden oder ein Erwachsener übernimmt die Rolle der Dienerin und begleitet erzählerisch die Geschichte aus ihrer Sicht.

Die Dienerin schickt Prinz „Weißdochalles" und Prinzessin „Kannichschon" zum Spielen in den königlichen Garten. Sie ermahnt sie noch, sich nicht dreckig zu machen und hübsch artig zu sein.

Die Namen der Kinder zu Beginn deutlich nennen.

Prinz „Weißdochalles" und Prinzessin „Kannichschon" spielen eine ganze Weile brav mit ihrem neuen goldenen Ball. Plötzlich fällt der Ball in einem hohen Bogen in den Froschteich: „Platsch!"

Im Hintergrund macht ein Kind im rechten Moment das passende Geräusch dazu durch ein „Platsch" in einen Wassereimer.

Prinz Weißdochalles: „Du bist voll blöd, du hast den Ball ins Wasser geworfen."
Prinzessin Kannichschon: „Du bist selber blöd. Du hast den goldenen Ball nicht gefangen! Das ist mein Lieblingsball!"
Prinz Weißdochalles: „Du hast nicht richtig geworfen!"
Prinzessin Kannichschon: „Nein, das stimmt nicht. Du hast Schuld. Du holst den Ball wieder aus dem Teich."
Prinz Weißdochalles steckt seinen großen Zeh ins Wasser: „Ihhhh! Ist das kalt. Ich geh da nicht rein."
Prinzessin Kannichschon: „Angsthase, Angsthase!"

Da schubst der Prinz die Prinzessin ins Wasser.

Prinzessin Kannichschon: „Ah, ist das kalt! Ich kann nicht gut schwimmen! Hilf mir!“
Prinz Weißdochalles: „Mir doch egal!“
Prinzessin Kannichschon: „Bitte hilf mir doch.“

Da bekommt ihr **Bruder** Mitleid und reicht ihr die Hand: „Gib mir deine Hand, ich helfe dir raus!“

Auf einmal zieht die Prinzessin an seiner Hand und er fällt, plitsch – platsch, ins Wasser.
Wassergeräusch wie oben.
Der Prinz sieht seine Schwester ganz erschrocken an und dann lacht er laut.

Die Prinzessin muss ebenfalls lachen. Zusammen holen sie den Ball aus dem Teich. Pitschnass steigen sie aus dem Wasser.

Da kommt die Dienerin und schimpft, weil die Kleider so nass sind. Sie fragt erschrocken, was passiert ist.
Oder:
Als sie nass aus dem Garten kamen, steht die Königin-Mama erschrocken da.

Prinzessin Kannichschon und **Prinz Weißdochalles** sagen gemeinsam:
„Wir haben den Ball in den Teich geworfen und zusammen wieder herausgeholt.“

Die **Dienerin** schimpft ein wenig, aber dann muss sie doch lachen.
„Wir schleichen uns schnell in euer Zimmer und ich helfe euch, trockene Sachen anzuziehen.“

*Oder die **Königin-Mama** nimmt die beiden in den Arm und sagt:*
„Ich bin froh, dass ihr euch gegenseitig geholfen habt. Jetzt aber schnell: Zieht euch trockene Sachen an und dann könnt ihr wieder spielen.“

Hilfe, mein Schmuck ist weg! Ein Krimi

→ Thema / Lern- / Bildungsziele
Hilfsbereitschaft, Zusammenarbeit

→ Inhalt
Oma und Opa sind vom Urlaub zurückgekommen und laden ihre Enkel Tim und Lisa ein. Plötzlich sucht Oma aufgeregt ihren Schmuck, den sie vor dem Urlaub versteckt hat. Detektivisch helfen die Enkel bei der Suche.

→ Schwierigkeitsstufe / Aufwand
Mittel

→ Altersstufe
Eher für die Älteren geeignet.

→ Hauptpersonen
Oma und Opa, Tim und Lisa

→ Weitere Mitspielmöglichkeiten
Hauskatze

→ Bühnenbild / Schauplätze / Ausstattung
Küche von Oma und Opa mit Schränken, Essplatz, „Kühlschrank“

→ Tipps zum Einstudieren

- Die Geschichte den Kindern erzählen und frei nachspielen lassen.
- Die besten Ideen zur Umsetzung werden die Kinder selbst haben.

→ Variationen / Erweiterungen
Die Polizei zur Aufklärung des Falles dazu nehmen.

1. Szene Vom Kindergarten zum Haus von Oma und Opa

Erzähler: Tim und Lisa sind Geschwister und noch lieber als in den Kindergarten gehen sie zu ihren Großeltern. Das liegt vor allem daran, dass Opa immer so schöne Geschichten von früher erzählt. Lisa mag es besonders, wenn Oma Pfannkuchen backt, denn die schmecken noch feiner als bei Mama oder im Kindergarten. Außerdem gibt es zu den Pfannkuchen immer selbst gemachte Erdbeermarmelade.
Seit zwei Wochen sind sie nun schon nicht mehr von den Großeltern abgeholt worden, denn Oma und Opa sind in den Urlaub an die Ostsee gefahren.

Tim und Lisa sitzen am Bühnenrand und studieren eine (übergroße) Postkarte.

Erst vor drei Tagen haben sie eine Postkarte von den Großeltern aus dem Briefkasten gefischt. Papa musste die Karte ganz genau vorlesen.

Oma und Opa kommen von hinten durch den Zuschauerraum. Tim und Lisa laufen ihnen entgegen.

Aber heute ist es soweit. Oma und Opa holen Tim und Lisa endlich mal wieder vom Kindergarten ab.
Die Kinder fragen ihre Großeltern aus, wie es im Urlaub war, z.B:

- *Ward ihr schwimmen?*
- *War das Wasser kalt?*
- *Habt ihr den Leuchtturm auf der Postkarte auch gesehen?*
- *Habt ihr Fische im Meer gesehen?*

2. Szene Küche von Oma und Opa

Begleitend erzählen, oder die Kinder spielen selbst.

Zu Hause angekommen, geht Oma in die Küche und bereitet Pfannkuchen zu. Sie weiß ja, wie sehr die Enkel Pfannkuchen mögen.

Während die vier am Tisch sitzen und sich die leckeren Pfannkuchen mit selbst gemachter Erdbeermarmelade schmecken lassen, erzählen die Großeltern von ihren Erlebnissen im Urlaub.

Hier haben die Kinder bestimmt eigene Idee, welche Urlaubserlebnisse sie erzählen können.

Plötzlich springt Oma ganz schnell vom Tisch auf.

Opa: „Was ist denn los?"
Oma: „Ach, schon gut, ich komm gleich wieder!"

Oma geht suchend umher, schaut in alle Töpfe und Schränke. Geht ins Nebenzimmer.
Nach einer Weile kommt sie wieder in die Küche und ist immer noch ganz aufgeregt.

Tim: „Oma, was ist mit dir?"
Oma: „Ich weiß nicht mehr, wo ich vor dem Urlaub meinen Schmuck versteckt habe!"
Lisa: „Welchen Schmuck, Oma?"
Oma: „Ich habe einige goldene Ketten und die passenden Ohrringe dazu. Ich konnte nicht alles mit in den Urlaub nehmen, das wäre zuviel gewesen. Und jetzt weiß ich nicht mehr, wo ich den Schmuck versteckt habe!"
Tim: „Wieso denn überhaupt versteckt?"
Oma: „Na, du bist ja lustig. Wenn wir im Urlaub sind und es kommen Einbrecher, die haben es doch immer auf Schmuck abgesehen. Vor allem auf so alten, wertvollen Schmuck. Und deswegen habe ich ihn gut versteckt. Wenn ich doch nur wüsste, wo ich ihn hingepackt habe!"

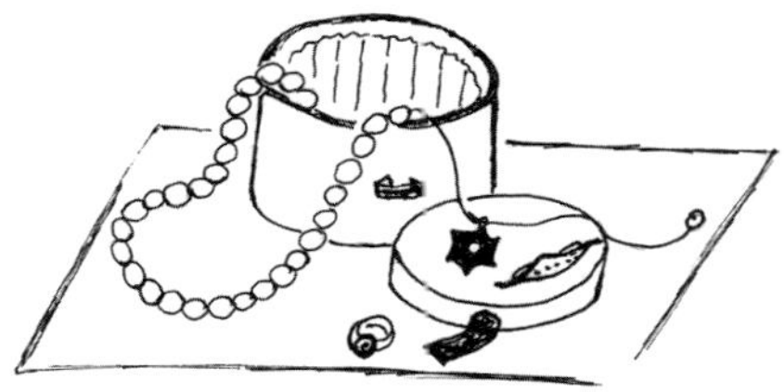

Hier kann man nun die Kinder eifrig überall suchen lassen. Dabei gehen die Personen z.B. abwechselnd aus dem Zimmer und kommen wieder

herein und sagen, wo sie überall gesucht und nichts gefunden haben.
Die Kinder können auch die Oma wie ein Detektiv ausfragen, z.B.:
„Wo hast du den Schmuck das letzte Mal gesehen?“
„In was für einer Schachtel war der Schmuck?“
Er kann auch Opa befragen, wann er den Schmuck zuletzt gesehen hat.

Tim: „Wir helfen dir suchen, Oma! Ich bin ein Detektiv. Opa leihst du mir mal deine Leselupe, dann suche ich nach Spuren.“

Die Kinder suchen eifrig in der Küche alle Schränke ab. Leider ohne Erfolg. Zum Schluss sinken alle vier enttäuscht in der Küche auf die Bank.
Müde und auch schon wieder ein bisschen hungrig fragen Tim und Lisa die Großeltern, ob sie denn ein Eis bekommen können.

Oma: „Wie könnt ihr denn jetzt an Eis essen denken, wo mein Schmuck immer noch verschwunden ist?“
Opa: „Die Kinder können doch nichts dafür, dass du so vergesslich bist!“

Kühlschrank sollte etwas höher sein, sodass Tim einen Stuhl hinstellen muss, um das Eisfach zu erreichen.

Tim und Lisa dürfen an den Kühlschrank gehen und sich ein Eis holen.

Tim: „Was ist denn in der runden rosa Dose drin?“
Oma: „Runde rosa Dose?!“
Tim: „Ja, Oma, rund und rosa! Soll ich sie mal rausholen?“
Oma: „Ja, gib sie mir ganz schnell!“

Als Tim nach der Dose greift, stellt er fest, dass es darin klappert. Er schüttelt die Dose. Da müssen alle lachen.

Oma: „Mein Schmuck!“
Lisa: „Oma, du bist wirklich vergesslich! Gut, dass wir gerade jetzt ein Eis haben wollten!“
Oma: „Das stimmt. Und jetzt habt ihr euch eine besonders große Portion verdient!“

Die Schrankkinder

→ Thema / Lern- / Bildungsziele

• Hygiene • Gesundheit • Zahnpflege • gegenseitige Hilfe

→ Inhalt

Zwei neugierige Geschwister entdecken hinter einer Schrankwand das Schlaraffenland.

Die Kinder, die dort wohnen, können nicht richtig sprechen, weil sie kranke Zähne durch das Naschen der vielen Süßigkeiten haben. Die Geschwister bringen ihnen Zahnbürste und Zahncreme und verhelfen ihnen zu sauberen und gepflegten Zähnen.

→ Schwierigkeitsstufe / Aufwand

Eher anspruchsvoll

→ Altersstufe

Mitspielmöglichkeiten sind für alle Alterstufen gegeben.

→ Hauptpersonen

Florian und Ines, zwei Geschwister, etwa fünf „Schrankkinder", Mutter

→ Weitere Mitspielmöglichkeiten

Süßigkeiten, Bäume und Blumen können von Kindern dargestellt werden.

→ Bühnenbild / Schauplätze / Requisiten

- Kinderzimmer
- „Schlaraffenland" mit phantasievoller Ausstattung
  - Bühnenbilder auf große Tücher gemalt
  - Bäume und Süßigkeiten kaschiert über Styropor und bunt bemalt.
  - Im Faschingsbedarf ist Zahnschwarz erhältlich, mit dem die Zähne wunderbar eingefärbt werden können, das jedoch gut mit Zähneputzen wieder entfernt werden kann.

Um große Umbauten zu vermeiden, ist auf der einen Seite der Bühne ein kleines Kinderzimmer aufgebaut. Der Schrank zum Durchsteigen steht in der Mitte als Übergang zum Schlaraffenland.
Im ersten Teil der Geschichte ist das Schlaraffenland noch von einem Vorhang verdeckt. Der Blick wird freigegeben, wenn die Kinder durch den Schrank schlüpfen.
Das Schlaraffenland ist so aufgebaut, dass im vorderen Bereich viele Süßigkeiten zu sehen sind und erst im hinteren Bereich Obst und Gemüse erkennbar sind.

→ **Vorbereitungen, Tipps zum Einstudieren**

Bei diesem Stück ist es wichtig, dass kein „pädagogischer Zeigefinger" daraus wird. Spielerisch soll die Selbstverständlichkeit betont werden, seine Zähne regelmäßig zu pflegen und sich gesund zu ernähren.
Immer wieder Sprachspielereien der Schrankkinder üben.

1. Szene Im Kinderzimmer

Erzähler: Florian und Ines sind in ihr Spiel vertieft im Kinderzimmer. Plötzlich werden sie aus ihrer Stille gerissen. Im Hintergrund ist leises Geplapper zu hören.
Ines: „Hast du das gehört?"
Florian: „Ja. Was ist das?"
Erzähler: Florian und Ines suchen, entdecken jedoch nichts und spielen weiter. Auf einmal hört man im Hintergrund wieder ein Geräusch.
Ines: „Da war es wieder, aber es war diesmal eher ein Gemampfe!"
Florian: „Los, lass uns die Geräusche suchen!"

Dieses Mal suchen die Kinder intensiver nach der Ursache.
z.B. Fenster aufmachen, Spielkiste, hinter der Heizung, im Bett, im Publikum. Zum Schluss öffnen sie die Schranktür und das Geplapper wird lauter.

Ines: „In unserem Kleiderschrank, da ist wer!"

Florian: „Lass uns doch gucken, wo das herkommt."
Erzähler: Die Kinder kriechen durch einen Berg Kleidung und bringen ihn durcheinander. Die Stimmen sind immer wieder zu hören.
Ines stößt plötzlich gegen die Rückwand des Schrankes. Diese öffnet sich wie eine zweite Schranktüre und die Stimmen werden lauter.
Ines und Florian erschrecken. Sie gehen mutig und vorsichtig durch diese Tür.

Wie kann man gleichzeitig erschrocken und mutig sein?
z.B.

- *Erschrocken aufspringen und etwas umwerfen*
- *Zittrige Knie*
- *Zittrige Stimme*
- *große Augen*
- *an den Händen fassen*
- *„Ich habe keine Angst!"*

Ines und Florian gehen durch die Schrankrückwand und stehen in einem seltsamen bunten Land.

2. Szene Im Schlaraffenland

Ines und Florian sehen sich vorsichtig in diesem Land um.
Sie machen sich gegenseitig aufmerksam auf das, was sie sehen.

Der Text hängt davon ab, wie aufwändig die Bühnengestaltung ist und wie die Phantasie der Kinder angeregt wurde.
z.B.

- *„Florian, guck mal, die Blumen sind aus Marzipan."*
- *„In den Bächen fließt kein Wasser, sondern Himbeersirup."*
- *„Die Äpfel auf den Bäumen sind mit Schokolade überzogen."*
- *„Die Häuser sind aus Zwieback gebaut."*
- *„Schau mal, ganz da hinten sind Karotten und Salat."*
- *„Ich sehe Erdbeeren."*

Erzähler: Ines und Florian stürzen sich auf die Süßigkeiten und testen von jedem etwas.
Nach einiger Zeit sitzen sie da und können sich kaum mehr bewegen, weil der Bauch so voll ist. Sie merken zunächst nicht, dass von allen Seiten Kinder kommen und neugierig schauen. Erst als ein Kind sie anspricht, bemerken sie es.

Markus *spricht mit fast verschlossenem Mund*: „Chuten Tach."
Florian: „Sag mal, wer bist du?"
Markus: „I heiche Marku!"
Florian: „Wie heißt du? Ich kann dich nicht verstehen!"
Markus: „I heiche Marku!"
Florian: „Ach jetzt, du heißt Markus. Du sprichst aber komisch."
Markus: „I ag eine ähne nicht zeigen, die sind ganz scharz und ässlich."
Ines: „Wohnst du hier?"

Markus nickt.

Markus: „Ho chommt ihr er?"
Ines: „Von dort hinter dem Schrank."
Florian: „Dann seid ihr Schrankkinder."

Hier können „Sprachspielereien" mit geschlossenem Mund eingebaut werden.
z.B.
- *Die anderen Kinder stellen sich vor.*
- *Ines erfährt, dass die „Schrankkinder" den ganzen Tag nur Süßigkeiten essen.*
- *Die Zähne werden schwarz und sie haben oft fürchterliche Zahnschmerzen.*

Die Schrankkinder zeigen ihre schwarzen Zähne und bewundern die weißen von den Geschwistern.
Mögliche Kommentare der Schrankkinder dazu:
- *„Sieh doch nur, die leuchten ja richtig!"*
- *„Die Zähne sind ganz weiß und nicht so hässlich schwarz wie unsere!"*

- *„Ach hätten wir doch auch so schöne Zähne, dann könnten wir wieder lachen und hätten viel mehr Spaß!"*

Florian ist verwundert und erkundigt sich, warum die Kinder nicht ihre Zähne putzen. Er bekommt zur Auskunft, dass sie nicht wissen, wie man das macht.
Ines und Florian überlegen eine Weile und beschließen ihren neuen Freunden zu helfen.

Die Kinder aus dem Schrankland verabschieden sich ein wenig traurig von ihren neuen Freunden und winken zum Abschied.
„Chommt uns ald ieder esuchen!" rufer sie noch hinterher.
„Ja, klar versprochen!", versichern ihnen Ines und Florian und klettern wieder durch den Kleiderschrank in ihr Zimmer zurück.

3. Szene Im Kinderzimmer

Ines und Florian können gar nicht glauben, was sie gerade erlebt haben. Sie überlegen, wie sie den Schrankkindern helfen können. Sie tauschen sich über mögliche Hilfen aus.
z.B.

- *„Im Kindergarten war der Zahnarzt und hat uns erklärt, wie man richtig Zähne putzt."*
- *„Der Zahnarzt hat uns doch eine Zahnbürste und eine Kinderzahncreme geschenkt, die könnten wir weitergeben."*
- *„Ich weiß, wo Mama immer eine Ersatzzahnbürste und Zahncreme hat."*
- *„Wir müssen den Kindern dann auch noch sagen, das man nicht nur Süßigkeiten essen darf, sondern auch was Gesundes, wie Obst und Gemüse!"*

Erzähler *oder weitgehend spielen*: Sie kommen gerade rechtzeitig als die Mutter sie zum Abendessen ruft. Glücklicherweise hat die Mama nichts von ihrem Ausflug bemerkt. Sie sind noch so aufgeregt, dass sie fast nichts essen können. Nach dem Essen gehen die Geschwister ins Badezimmer, um sich fürs Bett fertig zu machen. Heute putzen sie ihre Zähne besonders gründlich. Da wundert sich sogar die Mama. Sie staunt auch, als Florian und Ines beide eine neue Zahncremetube verlangen, weil sie doch erst eine eingekauft hat.

Als Ines und Florian im Bett liegen, erzählt ihnen Papa wie jeden Abend noch eine Gute-Nacht-Geschichte.
Diesen Abend schlafen sie erst nicht ein und erzählen sich noch lange von ihrem aufregenden Erlebnis.

Am nächsten Tag können Ines und Florian es kaum erwarten nach Hause zu kommen.
Die Hausaufgaben werden schnell erledigt. Obwohl es heute nicht regnet, wollen sie nicht in den Hof zum Spielen. Florian und Ines freuen sich, dass ihnen die Mama neue Zahncreme gekauft hat.
Florian soll aufpassen, dass Mama nicht schaut, wenn Ines noch zwei neue Zahnbürsten aus dem Schrank holt.

Ines schleicht sich in die Küche, um zu sehen was Mama macht. Dort ist sie nicht. Ines hört ein Pfeifen aus dem Keller und sieht, dass ihre Mama dort am Bügelbrett steht und jede Menge Wäsche im Korb liegt.
Schnell springt sie ins Zimmer zurück und berichtet ihrem Bruder, dass Mama wohl eine ganze Weile beschäftigt sein wird.

Florian: „Es kann losgehen. Bist du bereit?“
Ines: „Klar, immer!“
Erzähler: Die Beiden schleichen sich in ihren Schrank und können auch schon wieder das Geplapper hören. Sie öffnen die hintere Schranktür und stehen mitten im Schlaraffenland.
Sie werden schon erwartet.

4. Szene Im Schlaraffenland

Die **Schrankkinder** laufen ihnen schon entgegen: „Allo, chön, dass ihr iede da seid!“

Florian: „Wir haben euch etwas mitgebracht! Seht mal her, eine Zahncreme, die die Zähne wieder sauber macht und auch dafür sorgt, dass ihr in Zukunft keine Zahnschmerzen bekommt!“

Ines: „Und Zahnbürsten mit denen ihre eure Zähne putzen könnt.“

Schrankkinder: „Und wie acht man das?“

Erzähler: Ines und Florian verteilen Zahncreme und zeigen den Kindern wie man ordentlich die Zähne putzt.

Schrankkinder: „Das machst Spaß!“

„Ja, und das schmeckt gut!“

Erzähler: Nach einer ganzen Weile sind alle Schrankkinder mit Zähne putzen fertig und als sie sich im Wasserspiegel betrachten, stellen sie fest, dass ihre Zähne schon nicht mehr so schwarz wie vorher sind.

Florian: „Wir wollen euch noch sagen, dass man nicht nur Süßes essen darf, sondern unbedingt auch Obst und Gemüse braucht.“

Erzähler: Die Schrankkinder blicken Ines ganz erstaunt an und nicken. Sie versprechen den Beiden, dass sie ab jetzt immer fleißig Zähne putzen werden und auch nur noch einmal am Tag etwas Süßes naschen.

Stolz und zufrieden verabschieden sich die Geschwister, um wieder nach Hause zu gehen.

Schrankkinder: „Vielen Dank euch Beiden!“

Ines und Florian: „Tschüss und bis bald!“

5. Szene Ein paar Tage später wieder im Schlaraffenland

Erzähler: Ines und Florian möchten ihre neuen Freunde nach ein paar Tagen noch einmal besuchen.

Natürlich nicht ohne Geschenk. Zum Glück kauft Mama immer gleich mehr Zahncreme ein, sodass es nicht auffällt, wenn Florian aus dem Vorratsschrank eine Tube mitnimmt.
Als die Geschwister wie gewohnt durch den Schrank schlüpfen, können sie es kaum glauben.
Alle Schrankkinder strahlen übers ganze Gesicht, hüpfen und springen vor lauter Glück.

Schrankkind Markus: „Seht mal, da sind Ines und Florian, wir wollen den beiden gleich mal unsere schönen Zähne zeigen!“
Ines und Florian: „Klasse!“
Schrankkind Claudia: „Wir haben eine Überraschung für euch! Wir haben eine Fest für euch vorbereitet, mit vielen leckeren Sachen!“
Erzähler: Die Geschwister werden mit verbundenen Augen und begleitet vom Lachen der anderen Kinder zu einer großen Festtafel geführt. Sie können es fast nicht glauben, was sie sehen. Ein Tisch voll gedeckt mit leckeren Sachen, aber keine Süßigkeiten, nein. Frisches Obst und Gemüse stehen auf dem Tisch. Alle lassen es sich gut schmecken.
Zum Abschluss darf jedes Kind noch ein kleines Stück Schokolade essen. Denn wenn man sich dann wieder die Zähne putzt, ist das schon in Ordnung.

... und die Zuschauer bekommen auch etwas von diesen Leckereien!

Ein Wettstreit berühmter Erfinder von verrückten Verwandlungsmaschinen

→ **Thema / Lern- / Bildungsziele**

Diese Geschichte kommt dem Bedürfnis der Kinder nach, etwas zu bauen, sowie einem spielerischen „Ich bin besser als du."

→ **Inhalt**

- Zwei „berühmte" Erfinder liefern sich einen Wettstreit darüber, wer wohl die bessere Verwandlungsmaschine gebaut hat.
- Leider funktioniert die Technik nicht wie geplant. Erst durch das Zusammenlegen beider Maschinen wird das gewünschte Ergebnis erreicht.

→ **Schwierigkeitsstufe / Aufwand**

Mittel bis hoch

→ **Altersstufe**

Für die älteren Kinder geeignet

→ **Hauptpersonen**

Zwei verrückte Erfinder: Herr Strudel und Herr Fragezeichen, zwei „Techniker", zwei oder mehr „Freiwillige", ein Moderator (Erzieherin) führt durch den „Wettstreit" und begleitet so das Spiel.

→ **Weitere Mitspielmöglichkeiten**

- Kinder machen mit verschiedenen Gegenständen Maschinengeräusche.
- Zusätzliche „Umbauhelfer"

→ Bühnenbild / Schauplätze / Ausstattung

- Die beiden Maschinen werden gebaut mit Gegenständen aus der Bewegungsbaustelle: Matratzen, Polster, Kisten, Langbank, Tücher usw.
- Alternativ können die Kinder vorher aus großen Kartons eine Maschine gestalten.
- Wichtig ist, dass es einem Kind möglich ist, durch die Maschine hindurch zu krabbeln.
- Die Geschichte lebt vor allem vom Bild einer überdimensionalen verrückten Maschine.

→ Requisiten (welche Ausstattung, welches Material ist nötig/ hilfreich)

- Die Erfinder tragen überdimensionale Kleidung in seltsamer farblicher und stilistischer Zusammenstellung.
- Die Maschinenbauer sind mit blauem Arbeitsanzug und überdimensionalem Werkzeug ausgestattet.
- Der Moderator hat ein Mikrofon.

→ Tipps zum Einstudieren

- Im Vorfeld überlegen, in was sich die Kinder verwandeln möchten. Ihnen muss klar sein, dass das eine missglückte Verwandlung sein wird.
- Eine Verwandlung in Tiere ist einfacher, weil diese pantomimisch leichter darstellbar sind.
- Zur Vorübung mit den Kindern pantomimisch verschiedene Tiere darstellen.
- Verrückte Namen für die Maschinen ausdenken.

Der Moderator betritt die Bühne und begrüßt das Publikum im Saal und vor dem Bildschirm zur Sendung „Flixflux – Was gibt es Neues?“ Er verspricht heute eine Weltsensation.

Er begrüßt die beiden Erfinder. Diese haben jeweils eine Verwandlungsmaschine erfunden. Sich verwandeln zu können ist ein Traum, den bestimmt jeder schon mal geträumt hat.

Der Moderator bittet die beiden Erfinder, ihre Maschinen vorzustellen. Er kann etwas über die Bauzeit erfragen, den Namen der Maschine, was sie gekostet hat, usw.

Die beiden Erfinder kommen wortreich in einen Wettstreit, wer wohl die bessere gebaut hat. Der Moderator muss eingreifen und um Ruhe bitten.
Was die Erfinder sagen könnten:

- *„Ich habe die viel schnellere Maschine gebaut."*
- *„Dafür funktioniert meine auf jeden Fall."*
- *„Deine Maschine ist ja schon zweimal in die Luft gegangen!"*
- *„Deine Maschine sieht aus, als ob sie jeden Moment auseinander fällt."*

Die beiden Techniker werden vom Moderator vorgestellt. Sie dürfen erklären, was sie an der Maschine gebaut haben. Sie können zeigen, wie die Maschine funktioniert und wo die Freiwilligen durchgehen werden.

Der Moderator stellt nun die zwei Freiwilligen vor, die unter Hunderten von Bewerbern ausgewählt wurden. Sie werden nach ihren Namen gefragt, ob sie mutig sind und warum sie an diesem Versuch teilnehmen möchten.
Mögliche Antworten:

- *„Ich bin so kräftig."*
- *„Ich fürchte mich vor gar nichts."*
- *„Ich mag Abenteuer."*
- *„Ich wollte mich schon lange verwandeln."*

Der Moderator kündigt den ersten Durchgang an und fragt die Erfinder, in was sich die Personen verwandeln werden.

Der erste Freiwillige krabbelt durch die Maschine. Ebenso der Zweite.

Dieser Versuch ist gut gegangen. Beide Freiwilligen werden in die Wunschfigur verwandelt.

Der Moderator kündigt an, dass die Wirkung der Verwandlung schon nach wenigen Minuten nachlässt.

Die Erfinder sind mutig geworden. Sie kommen wieder in Wettstreit. Es wird ein zweiter Durchgang angesagt.
Wieder krabbeln beide Freiwillige durch. Leider klappt es dieses Mal nicht wie gewünscht. Sie verwandeln sich nicht in die angekündigte Figur, sondern in etwas ganz anderes.

Damit es auch optisch deutlich wird, sollte die unfreiwillig verwandelte Figur wirklich ganz anders von den Bewegungen sein, wie die geplante, z.B. Schmetterling – Hund oder ungefährlich/gefährlich.

Der Moderator bestätigt noch einmal, dass es ein Glück ist, dass die Wirkung der Verwandlung schon nach wenigen Minuten nachlässt.

Der Moderator ist nicht zufrieden mit dem Ergebnis. Er regt die beiden Erfinder an, etwas an ihren Maschinen zu verändern, damit die Verwandlungen funktionieren.

Erfinder und Techniker überlegen zusammen:
- *„Wir könnten hier noch eine Schraube reindrehen.“*
- *„Vielleicht war dort etwas locker.“*
- *„Vielleicht müssen wir etwas am Programm ändern.“*

Einer aus diesem Team kommt dann auf die Idee, die beiden Maschinen zu einer zu vereinen.

Moderator fragt nach, ob es wohl dieses Mal gelingt. Er kann Zuschauer befragen, ob sie glauben, dass es klappen wird.

Erfinder und Techniker verbinden die Maschinen.

Der Moderator befragt noch einmal die Freiwilligen, ob sie keine Angst haben, dass es wieder nicht klappen wird. Sie können es verneinen.

Eventuell ist ein Freiwilliger abgesprungen und muss durch jemand aus dem Publikum ersetzt werden.

Die Erfinder sagen noch einmal deutlich, in was sich die Versuchspersonen verwandeln werden. Unter den aufmerksamen Blicken der Erfinder, der Techniker und der Zuschauer dürfen die Freiwilligen noch einmal durchgehen.

Der Moderator kommentiert den spannenden Weg durch die veränderte Maschine. Endlich kommen die beiden Versuchspersonen wieder heraus und sind in die gewünschte Figur verwandelt.

Der Moderator gratuliert den Erfindern und den Technikern und verabschiedet alle bis zum nächsten Mal bei der Sendung „Flixflux – Was gibt es Neues?“

Die etwas andere Gespenstergeschichte

→ **Thema / Lern- / Bildungsziele**

Hilfsbereitschaft

→ **Inhalt**

Tobias wacht plötzlich auf, weil er in seinem Zimmer jemand heulen hört. Es sind zwei junge Gespenster, die nicht mehr in die Geisterwelt zurückkehren können, weil sie regelmäßig Mitternacht verschlafen.

→ **Schwierigkeitsstufe / Aufwand**

Mittel

→ **Altersstufe**

Mittlere Altersstufe und älter

→ **Hauptpersonen**

Tobias, sein Papa, seine Mama, zwei Gespenster Schlotti und Klara, eine Uhr

→ **Bühnenbild / Schauplätze / Ausstattung**

- Kinderzimmer von Tobias mit Bett, einer Ritterburg, einem Schrank, viel Spielzeug
- Der Schrank sollte groß genug sein, damit zwei Gespenster darin Platz haben.

→ **Tipps zum Einstudieren**

- Die Geschichte den Kindern erzählen und frei nachspielen lassen.
- Die besten Ideen zur Umsetzung werden die Kinder selbst haben.

→ **Variationen**

- Die Gespenstereltern könnten ihre Kinder suchen kommen und sich bei Tobias bedanken.
- Ein Gespenstertanz als Dankeschön für Tobias.

Erzähler: Tobias ist fünf Jahre alt und geht seit zwei Jahren im Kindergarten in die Pinguingruppe. Am liebsten spielt er mit seinen Freunden Florian und Stefan in der Bauecke oder Fußball im Garten. Nur malen, das mag er gar nicht. So ein Kindergartentag ist immer ganz schön anstrengend, trotzdem fällt es ihm nicht leicht, abends ins Bett zu gehen.

Begleitend erzählen oder die Kinder spielen die Szene mit eigenen Worten.

Es ist heute ein Abend wie jeder Abend.

Tobias kommt mit der Zahnbürste in der Hand und im Schlafanzug ins Zimmer.
Er spielt noch ein wenig mit seinen Autos.
Mama kommt rein und sagt, dass es nun Zeit ist, schlafen zu gehen.

In Anlehnung an die Erfahrung der Kinder die Bettgehszene gestalten, z.B. Geschichte vorlesen oder Märchenkassette einschalten. Papa kann noch „Gute-Nacht" sagen.

Mama: „Beeil dich. Du musst morgen wieder früh aufstehen."
Tobias: „Ja, Mama. Ich muss nur noch die Autos in die Garage fahren."

Erzähler: Tobias legt sich ins Bett, nimmt sein Lieblingstier zu sich und die Augen fallen zu.

Licht soweit abdunkeln, dass noch erkennbar ist, was im Zimmer passiert.

Gegen fünf Uhr wacht Tobias plötzlich auf, weil er meint etwas gehört zu haben.
... da, da war sie wieder, die Stimme.
Hellwach sitzt Tobias in seinem Bett. So sehr er sich auch bemüht, er kann nichts verstehen.
Er steht ganz leise und vorsichtig auf und sucht im Zimmer nach der Ursache von dem Geräusch.
Es klingt als ob jemand weint.
Mit Herzklopfen geht er vorsichtig auf seinen Schrank zu.

Im Hintergrund stellt ein Kind eine Uhr dar. Seine Zeigerarme drehen sich weiter und zeigen so an, dass die Nacht vergeht.

Mit den Kindern überlegen, wo man überall suchen kann. Wie kann man das Gefühl zwischen mutig sein und Angst haben deutlich spielen?

Was könnte sich denn nur hinter dieser Türe verbergen? Vorsichtig und ganz leise klopft Tobias an die Holztüre und wartet.
Es passiert erst mal gar nichts und dann hört er ein ebenso leises Klopfen vom Inneren des Schrankes. Tobias erschrickt so sehr, dass er wie ein Blitz zurück in sein Bett springt und sich unter seiner Decke versteckt.
Minuten vergehen. Tobias wagt es nicht, sich zu bewegen. Dann glaubt er ein leises Quietschen zu hören und er blickt mutig über den Rand seiner Bettdecke und tatsächlich, die Schranktüre steht einen Spalt offen. Das tat sie vorhin sicher noch nicht.

Tobias ängstlich: „Hallo“
Eine zittrige Stimme: „Huhuuuu, hallllo, huhuuuu. Wer ist denn da?“
Tobias: „Ich heiße Tobias, gehe in den Kindergarten und ich bin schon fünf Jahre alt! Und wer bist du?“
Erstes Gespenst: „Ich bin Schlotti, von der Burg Grusel. Ich bin 128 Jahre alt und gehe auch in den Kindergarten!“
Zweites Gespenst: „Ich bin Klara. Ich bin 111 Jahre alt und komme bald in den Kindergarten.“

Tobias traut seinen Ohren nicht und schaut ganz angespannt in Richtung Schrank und tatsächlich, da schaut ein kleines ziemlich ängstliches Gespenst zur Kleiderschranktüre heraus. Und gleich dahinter noch eines.

Tobias: „Was macht ihr in meinem Schrank?“
Schlotti: „Wir müssen ganz schnell wieder auf unser Geisterschloss. Unsere Eltern werden sich bestimmt schon Sorgen machen. Aber das soll einfach nicht klappen.“

Tobias: „Warum denn nicht?"
Schlotti: „Wir sind gestern Nacht so durch die Gegend gespenstert und kamen an deinem Zimmerfenster vorbei. Wir haben die vielen Spielsachen entdeckt, die es in unserem Gespensterkindergarten nicht gibt."

Erzähler: Schlotti erzählt, dass sie fast die ganze Nacht mit den Rittern und der Burg gespielt haben, die nämlich fast so aussieht, wie ihr Gespensterschloss, nur eben kleiner. Dabei haben sie ganz die Zeit vergessen und zu spät bemerkt, dass draußen bereits die Sonne aufging und sie unmöglich noch nach Hause fliegen konnten.
Aber was sollten sie denn tun? Sie hüpften schnell in den offenen Kleiderschrank, um sich im Dunkeln zu verstecken. Sie dachten, es sei kein Problem, sich in der folgenden Nacht genau um Mitternacht zur Geisterstunde von ihrem Geisterwecker wecken zu lassen, den sie immer bei sich trugen. Dann wollten sie einfach wieder zurück nach Hause.
Doch so einfach war das nicht, denn der Wecker funktionierte nicht mehr. Er klingelte nicht, ja er tickte nicht mal. Und so sind sie erst aufgewacht, als es draußen schon wieder hell wurde und sie nicht mehr nach Hause fliegen konnten.

Schlotti: „So ein dummer Wecker!"
Tobias: „Zeig mal deinen Wecker."

Schlotti gibt ihm den Wecker. Tobias schaut ihn sich genau an. Dann hat er eine Idee.

Tobias: „Ihr braucht neue Batterien!"

Tobias springt mit einem Satz auf und rennt zu seinem Kassettenrekorder, macht die Klappe auf, in der sich die Batterien befinden und nimmt zwei davon raus.
Sie wechseln ganz schnell die neuen Batterien gegen die alten und siehe da, schon fängt der Wecker an zu ticken.

Schlotti und Klara schwirren vor lauter Freude um Tobias herum: „Du bist wirklich ein toller Freund, vielen Dank. Jetzt werden wir in der nächsten Nacht wirklich wach und können endlich wieder nach Hause, auf unser Schloss fliegen und all unseren Freunden von dir erzählen!“

Die Uhr im Zimmer ist jetzt deutlich weiter gewandert, auch scheint ein wenig Tageslicht durch die Vorhänge.

Erzähler: Schlotti und Klara verstecken sich wieder im Schrank, um dann Punkt Mitternacht von ihrem Wecker geweckt zu werden.
Tobias ist ganz verwundert, dass Schlotti so schnell verschwunden ist und er hört **Klara** nur noch ganz leise sagen:
„Danke mein Freund, ich komm dich mal wieder besuchen!“

Erzähler: Als Tobias die Schranktüre bis auf einen kleinen Spalt schließt, kommt schon seine Mama ins Zimmer, um ihn zu wecken.
Er freut sich heute besonders auf den Kindergarten, obwohl er ziemlich müde ist. Aber schließlich muss er seinen Freunden von seiner aufregenden Nacht erzählen. „Ob sie ihm glauben werden?“

Und am Tag danach?
Tobias schaut vorsichtig in seinen Schrank. Er kann keine Gespenster mehr entdecken. Er ist sich jedoch sicher: Sie kommen ihn besuchen.

Im Wald, da sind die Räuber

Thema / Lern- / Bildungsziele
Mutiges und ehrliches Auftreten

Inhalt
Drei schreckliche Räuber überfallen drei Mädchen und klauen ihren Schmuck. Sie haben aber nicht mit dem Mut der drei gerechnet.

Schwierigkeitsstufe / Aufwand
Mittel

Altersstufe
Mehrere Altersstufen können nach ihren Fähigkeiten mitspielen

Hauptpersonen
- Drei Räuber – die können auch von Mädchen gespielt werden! • Drei Schwestern • Ein bis zwei Polizisten

Weitere Mitspielmöglichkeiten
Kinder, die den Wald darstellen, Vögel im Wald, Waldtiere

Bühnenbild / Schauplätze / Ausstattung
- Auf der einen Seite der Bühne ist der Wald mit dem Räuberhaus im Hintergrund aufgebaut, auf der anderen Seite das Zimmer der Schwestern.
- Räuberhaus: alter Tisch, kaputte Stühle, Laterne, Holzkiste
- Zimmer der Schwestern: Spiegel, Kleiderständer, Spielzeug ...
- Der jeweilige Spielort wird beleuchtet.
- Mitten im Zuschauerraum ist die Polizeistation platziert.

Tipps zum Einstudieren
- Die Geschichte den Kindern erzählen und frei nachspielen lassen.
- Die besten Ideen zur Umsetzung werden die Kinder selbst haben.
- Ideen zusammentragen, wie die Räuber aussehen könnten.

Variationen / Erweiterung
Musikalische Umrahmung „Räubermusik“

1. Szene Räuberhaus im Wald

Erzähler: Unsere Geschichte spielt in einem Wald, keinem gewöhnlichen Wald, nein, in einem gruseligen Räuberwald.
Die Bäume stehen dicht an dicht und der Wind spielt ein unheimliches Lied, wenn er durch die Wipfel der Tannen bläst.

Kinder stellen Bäume dar und gestalten mit entsprechenden Geräuschen den Wind und die unheimliche Stimmung.
Eventuell ein „unheimliches Waldlied" einbauen.

In diesem Gruselwald wohnen Räuber, drei um genau zu sein. Sie haben lustige Namen. Der jüngste Räuber heißt „Gemein", der mit der großen Nase heißt „Böser" und der mit dem langen Bart heißt „Obergemein".

Die Räuber treten singend und böse trampelnd von der Seite her auf und verschwinden im Wald. Sie singen dabei ihr „unheimliches Räuberlied".

Sie wohnen im Räuberhaus mitten im Wald, das zwischen den Zweigen der Tannen fast nicht zu sehen ist.

Der bislang dicht stehende „Kinder-Wald" öffnet sich ein wenig und gibt den Blick frei auf das Räuberhaus.

Im Räuberhaus steht nicht viel: ein alter Tisch, drei alte, wackelige Stühle, drei Betten und in der Ecke eine große schwere Holzkiste, nein besser gesagt, eine Schatzkiste, denn diese Kiste hat ein Schloss, ein goldenes Schloss.
Sicher wollt Ihr wissen was sich in der Kiste befindet?
Die Räuber klauen am liebsten Glitzersachen, wie goldene Ketten und funkelnde Ringe.
An diesem Nachmittag sitzen sie am Tisch und besprechen ihren nächsten Überfall ...
Wenn man ganz leise ist, hört man sie durch das Fenster reden.

Räuber, z.B.:

„... *Ich habe eine gute Idee, wen wir demnächst überfallen können.*"
„... *Die gehen immer mit viel Schmuck spazieren.*"
„... *Der lässt sich bestimmt gut verkaufen.*"
„... *Und wie wollen wir das anstellen?*"
„... *Gemein, du lenkst sie ab, und du Böser, du kommst dann von hinten ...!*"
„... *Meinst du, das klappt?*"
„... *Klasse Idee!*"

Räuber lachen laut und unheimlich. Die Bäume rücken wieder zusammen und der Blick in die Räuberhütte ist verschlossen.

2. Szene Im Zimmer der Schwestern

Erzähler: In einem nahe gelegenen Städtchen machen sich die drei Schwestern Rebecca, Annika und Francesca für ihren Spaziergang fertig. Weil Sonntag ist, ziehen sie ihre schönsten Kleider an und tragen ihren funkelndsten Schmuck.

Schwestern, z.B.:

„... *Ich ziehe heute meinen blauen Rock mit der weißen Bluse an.*"
„... *Ich möchte endlich gerne mein grünes Kleid tragen.*"
„... *Ich trage heute meine Goldkette mit den roten Glitzersteinen!*"
„... *Wir nehmen die Ringe mit den schönen großen blauen und rosafarbenen Steinen.*"
„... *Seid ihr endlich fertig? Dann können wir gehen!*"
„... *sollen wir wirklich bis zum Park laufen. Wir müssen durch den Wald gehen. Ich finde es so unheimlich dort.*"
„... *du bist ein Angsthase!*"
„... *da sollen schreckliche Räuber wohnen.*"
„... *Wir sind zu dritt, da wird uns nichts passieren!*"

Erzähler: Als die Mädchen fertig sind, gehen sie mutig durch den Wald.

Die Mädchen spazieren singend (z.B.„Alle Vöglein sind schon da ...“) mit einigen „Kurven“ durch das Publikum, bis sie in den Wald kommen.

Als sie schon ein ganzes Stück in den Wald gegangen sind, fällt ihnen auf, dass sie keine Vögel mehr zwitschern hören und pfeifen deswegen alle drei zusammen ein Lied.

Schwestern, z.B.:
„... ich höre keine Vögel singen.“
„... das ist richtig unheimlich.“
„... ich sehe auch keine Eichhörnchen oder Rehe.“
„... komm wir pfeifen ein Lied.“

Kinder pfeifen gemeinsam ein Lied, z.B. „Im Wald da sind die Räuber.“

Erzähler: Das hören natürlich die drei Räuber, die ganz schnell an ihr Fenster springen und tatsächlich schon das Glitzern des Schmucks durch die Bäume hindurch sehen.
Schnell kommen sie aus ihrem Räuberhaus. Sie legen sich auf die Lauer, bis die drei Mädchen immer näher kommen ...

Räuber verstecken sich hinter den Bäumen. Als die Mädchen dicht bei den Bäumen gehen, schreien die Räuber los.

Räuber:
(mit den Kindern gemeinsam Text ausdenken, z.B.)
„ ... uahhh, auf sie mit Gebrüll ...!“
„Halt! Stehen bleiben. Das ist ein Überfall!“
„Hände hoch oder ich schieße!“
Ein Räuber hält einen Stock unter seinem Mantel, damit es aussieht als hätte er eine Pistole.

Die Mädchen schreien laut und wollen schnell weglaufen. Da versperrt ihnen Räuber Obergemein den Weg.

Räuber Obergemein: „Gebt mir euern Schmuck, dann wird euch nichts passieren."

Schnell machen Rebecca, Francesca und Annika zitternd ihren Schmuck ab und geben diesen den Räubern.
Die freuen sich, rennen weg und rufen den Mädchen hinterher.

Räuber Böser: „Lauft schnell nach Hause und erzählt bloß niemandem von uns."
Erzähler: Die drei Mädchen sind noch ganz durcheinander, nehmen sich an den Händen und laufen schnell raus aus dem Wald. Ganz außer Atem kommen sie am Waldrand an und überlegen, was sie nun tun sollen.
Schwestern:
(mit den Kindern gemeinsam Text überlegen, z.B.)
„Wir gehen nach Hause und erzählen niemanden etwas!"
„Nein, das geht nicht, unsere Mutter wird merken, wenn der Schmuck weg ist und dann wird sie uns fragen!"
„Wir könnten zur Polizei gehen."
„Das ist eine gute Idee!"
„Die hilft uns sicher!"
Erzähler: Die drei gehen zur nächsten Polizeistation und erzählen, was ihnen passiert ist.
Sofort gehen zwei Polizisten mit den Mädchen zurück zum Wald und lassen sich genau zeigen, wo der Überfall passiert ist.
Es dauert nicht lange und sie finden die Stelle.
Polizei:
(mit den Kindern gemeinsam Text erarbeiten, z.B.)
„Irgendwo müssen die Räuber doch ihr Versteck haben!"
„Es kann nicht allzu weit weg sein, ich spür das!"
„Psst! Könnt ihr das hören?"

Erzähler: Alle verstummen und lauschen den Geräuschen ...

Um diese Szene spannend zu gestalten, können erst einige andere Geräusche zu hören sein, bevor die Gespräche der Räuber lauter werden.

Räuber:
(mit den Kindern gemeinsam Text überlegen, z.B.)
„Ha ha, ho ho, das hat sich ja wirklich gelohnt!“
„Wenn wir das verkaufen, dann geht es uns gut!“

Schwestern: „Das sind die Räuber, ich bin mir ganz sicher, ich erkenne die Stimmen!“
Erzähler: Jetzt geht alles ganz schnell. Die Polizisten gehen den Stimmen nach und entdecken das Versteck der Räuber.
Polizei:
(mit den Kindern gemeinsam Text überlegen, z.B.)
„Rauskommen!“
„Los! Ihr seid umzingelt!“
„Ihr habt keine Chance!“
„Ergebt euch!“
„Hier spricht die Polizei, kommt heraus!“
Erzähler: Die Stimmen der Räuber verstummen und an den Fenstern des Räuberhauses kann man drei leuchtende Augenpaare sehen.
Die Räuber kommen heraus und halten die Arme über den Kopf. Sofort klicken die Handschellen und sie sind verhaftet. Einer der Polizisten geht ins Räuberhaus und findet die große schwere Schatztruhe, die zum Glück nicht abgeschlossen ist. Er bringt den ganzen erbeuteten Schmuck unversehrt zu den Schwestern.

Diese freuen sich sehr, dass sie alle ihre Ketten und Ringe wieder haben.

Die drei Räuber werden von der Polizei mitgenommen und für lange Zeit ins Gefängnis gesperrt. Sie müssen dort zur Strafe von früh bis spät von allen Leuten aus dem kleinen Städtchen die kaputten Socken stopfen.

Ein bisschen wie St. Martin

→ **Thema / Lern- / Bildungsziele**
Teilen und Zusammenhalten

→ **Inhalt**
Im Streit wird eine Martinslaterne kaputt gemacht. Freunde helfen zusammen, rechtzeitig bis zur Feier eine neue Laterne zu basteln.

→ **Schwierigkeitsstufe / Aufwand**
Bühnentechnisch relativ geringer Aufwand

→ **Altersstufe**
Geeignet für mittlere und ältere Kinder

→ **Hauptpersonen**
Zwei Kindergruppen mit je ca. 3 Kindern, Erzieherin

→ **Weitere Mitspielmöglichkeiten**
Kindergruppe bei der St. Martinsfeier

→ **Bühnenbild / Schauplätze / Ausstattung**
- Hof / Straße – könnte im Zuschauerbereich liegen
- Basteltisch im Kinderzimmer

→ **Tipps zum Einstudieren**
- Die Geschichte den Kindern erzählen und frei nachspielen lassen.
- Die besten Ideen zur Umsetzung werden die Kinder selbst haben.

→ **Variationen/ Erweiterung**
Die Zerstörer der Laterne werden zur Rede gestellt und / oder müssen mithelfen, den Schaden wieder gut zu machen.

Erzähler: Voller Stolz gehen Friederike, Leon und Stefan mit ihren Laternen vom Kindergarten nach Hause. Sie wohnen alle im gleichen Haus. Sie freuen sich, weil sie heute auf dem Martinsumzug einen Laternentanz aufführen dürfen. Doch plötzlich ...

Drei Kinder kommen von der anderen Seite hergelaufen und necken die Laternenträger. Ein Junge packt eine Laterne und macht sie kaputt. Zufrieden rennen die wilden Kerle wieder weg.

Erzähler: Die Kinder mit ihren Laternen bleiben erschrocken zurück. Stefan mit der kaputten Laterne weint. Er ist unglücklich, denn in zwei Stunden beginnt doch das Martinsfest. Seine Freunde machen Vorschläge.

Mit den Kindern überlegen, welche Hilfe sie anbieten können und warum das abgelehnt wird, z.B.:
- *„Ich geb' dir meine Laterne." – „Aber dann hast du keine."*
- *„Deine Mutti kann eine neue bauen." – „Meine Mami hat heute keine Zeit."*
- *„Wir kaufen eine." – „Wir haben doch kein Geld."*
- *„Dann bastel doch eine neue." – „Mir fehlt das Material."*

Erzähler: Da hat Leon eine gute Idee.
Leon: „Weißt du was, wir schauen, was jeder von uns daheim hat und treffen uns dann bei dir und wir bauen zusammen eine neue Laterne."
Erzähler: Die Kinder gehen schnell in ihre Wohnungen und kommen dann bei Stefan zusammen. Jeder hat ein Stück Bastelpapier dabei. Eifrig kleben sie jetzt zusammen. Es kommt eine wunderschöne Laterne dabei heraus.
Sie werden gerade noch rechtzeitig fertig, um pünktlich zum Laternenfest im Kindergarten zu sein.
Stolz zeigen sie die neue Laterne ihrer Erzieherin und erzählen die Geschichte.

Kinder erzählen mit eigenen Worten, was passiert ist.

Erzieherin: Da seid ihr heute wie Martin gewesen. Er hatte auch nicht viel, das er zu geben hatte, doch es hat dem Bettler gereicht. Ihr hattet auch nicht viel, doch weil jeder das bisschen geteilt hat, wurde daraus eine schöne neue Laterne.

Abschließend singen alle ein St. Martins-Lied und/oder tanzen einen Laternentanz.

Aufregung auf der Eisscholle

→ **Anlass / Lern- / Bildungsziele**
- Jubiläum • Geburtstag
- Aufeinander achten, Hilfsbereitschaft und Zusammenarbeit

→ **Inhalt**

Bei der Geburtstagfeier vom Pinguinkönig fällt ein kleiner Pinguin, der noch nicht gut schwimmen kann, ins Wasser. Gemeinsam überlegen die Pinguine, wie sie ihn retten können.

→ **Schwierigkeitsstufe / Aufwand**

Eher gering

→ **Altersstufe**

Hauptsächlich für die jüngeren Kinder, jedoch sind Mitspielmöglichkeiten für alle Altersstufen gegeben.

→ **Hauptpersonen**

Pinguinkönig, Florian, ein kleiner Pinguin, viele kleine und große Pinguine als Volk, evtl. Erzähler

→ **Weitere Mitspielmöglichkeiten:**
- Noch mehr kleine und große Pinguine
- Möwen

→ **Bühnenbild / Schauplätze / Requisiten**
- Die Eisscholle ist mit weißen Tüchern am Boden ausgelegt.
- Sie sollte so groß sein, dass gerade noch alle Kinder Platz darauf haben und der Eindruck von Enge entsteht. Außen herum symbolisieren blaue Tücher das Meer. Im Meer können „Eisbrocken" (Styroporteile) schwimmen.

- Der Thron des Pinguinkönigs ist ein mit einem Leintuch bezogener Stuhl; er ist mit einer Krone verziert.
- Die Pinguine tragen weiße T-Shirts / Leggings und einfache schwarze Umhänge, die hinten jeweils einen Einschnitt haben, um die Flügel darzustellen. Alle Pinguine tragen eine Krawatte oder ein Tuch.
- Zur Ergänzung könnten sie eine einfache Schnabelmaske, hergestellt aus einem Stück Eierkarton, aufsetzen.

→ **Tipps zum Einstudieren**

Bewegungsstunde zum „Watschelgang“ der Pinguine: Laufen auf rutschigem Boden, verschiedene Geschwindigkeiten ausprobieren

→ **Verknoten der Tücher/ Krawatten:**

Damit diese Szene nicht zu lang dauert oder ein Kind mit dem Knoten überfordert ist, können immer zwei Pinguine ihre Tücher zusammen binden und dann diese wieder mit zwei anderen das „Seil“ verlängern.
Es empfiehlt sich den sog. **„Kreuzknoten“** aus der Seefahrt zu verwenden. Der lässt sich später ohne große Probleme wieder öffnen. Um einen Kreuzknoten zu knüpfen nehmen Sie die Seilenden in je eine Hand. Dieser Knoten beginnt wie das Binden von Schnürsenkeln. Die Tuch-/Seilenden werden übereinander gelegt und dann untereinander hindurch gekreuzt (1. Schritt). Dann werden die Enden entgegen dem normalen Schnürsenkelprinzip zurückgeführt und ineinander verschränkt. Es entstehen zwei gleiche Schlaufen des Kreuzknotens, die ineinander greifen. Die Enden liegen parallel. Durch das automatische Zuziehen an den Seilenden zieht sich der Knoten fest, lässt sich jedoch durch aneinander schieben leicht wieder öffnen.

→ **Variationen / Erweiterung**

„Pinguinkreistanz“ für die Schlussszene

1. Szene: Die Gratulanten kommen

Der Pinguinkönig kommt dahergewatschelt und nimmt auf seinem Thron Platz. Nach und nach kommen von allen Seiten Pinguine und gratulieren ihm. Zur Feier des Tages haben sie alle zu ihrem Frack eine Krawatte oder ein Tuch umgebunden. Sie verbeugen sich vor dem König, stellen sich im Halbkreis um ihn herum auf und tragen ihre Glückwünsche vor:
z.B.

- *„Immer einen frischen Fisch zum Frühstück."*
- *„Immer das schönste kühle Wasser zum Schwimmen."*
- *„Viele Freunde um dich herum."*
- *„Dass du immer ein weiser und gerechter König bleibst."*

Die Kinder singen dem Pinguinkönig das Geburtstagslied. *(Zurückgreifen auf das in der Einrichtung übliche Lied)*

2. Szene: Das Unglück passiert

Der Pinguinkönig steht auf und möchte sich bei seinen Untertanen bedanken.

Da kommt von hinten noch Florian, ein kleiner Pinguin angerannt. Er ruft schon von weitem „Ich möchte auch gratulieren!"
Florian kommt immer etwas zu spät, weil er so viele schöne Dinge auf dem Weg entdeckt und deswegen oft stehen bleibt.
Er läuft so schwungvoll daher, dass er ins Rutschen kommt und über den Rand der Eisscholle hinaus ins „Meer" fällt.
Verzweifelt ruft er um Hilfe. Er kann nicht schwimmen, weil er bisher keine Lust und keine Zeit gehabt hat, es zu lernen.
Die anderen Pinguine haben ihm hinterher gesehen und als er ins Wasser fiel ganz erschrocken „Oh! Halt Florian" gerufen.

3. Szene: Überlegungen zur Rettung

Die Pinguine rufen durcheinander:
z.B.

- *„Wir müssen ihm helfen."*
- *„So ein dummer Kerl, kann er nicht aufpassen."*
- *„Er kann doch nicht schwimmen!"*

Ein Pinguin sagt, dass jemand ins Wasser muss, um Florian zu retten. Alle Pinguine haben einen guten Grund, warum sie das nicht können:

- *„Mein Anzug wird nass."*
- *„Es ist so kalt und stürmisch."*
- *„Ich habe heute schon gebadet."*

Der Pinguin gibt nicht auf und meint, dass sie sich dann etwas anderes überlegen müssen.
Es kommen verschiedene Vorschläge:
z.B.

- *Ein Boot*
- *Eine lange Stange*
- *Ein Rettungsring*
- *Ein Seil*

Die Pinguine begeben sich immer wieder auf die Suche nach einem solchen Gegenstand, aber finden nichts.

Während sie immer verzweifelter überlegen und hektisch hin und her gehen, ruft Florian „im Wasser" lauter um Hilfe.

4. Szene Die Rettung

Von hinten kommt ein kleiner Pinguin und hat die Idee, dass doch alle Pinguine ihre Krawatten und Tücher ausziehen sollten. Daraus wird ein langes Seil gemacht, mit dem sie Florian aus dem Wasser ziehen können.
Die Idee finden alle gut. Ganz schnell nehmen sie Schal und Krawatte ab und binden daraus ein langes Seil.
Gemeinsam werfen sie die Leine ins Wasser. Unter großem Hauruck ziehen sie Florian heraus.
Florian ist ganz glücklich und schüttelt sich. Er wird ganz schnell in die Decke vom Pinguinkönig gewickelt. Auch Pinguine können frieren.

5. Szene Das Fest

Der Pinguinkönig vergibt einen Orden für die gute Idee an den kleinen Pinguin. Er kündigt ein großes Fest an, weil diese Geschichte gut ausgegangen ist und der Geburtstag doch noch gefeiert werden kann.

Die Pinguine tanzen zu einer fröhlichen Musik frei auf der Eisscholle oder führen einen Kreistanz vor.

Ein einmaliges Geschenk

→ **Thema / Lern- / Bildungsziele**
- Advents-/ Weihnachtsgeschichte
- Die schönsten Geschenke sind nicht bezahlbar.

→ **Inhalt**
Im Kindergarten von Jasmin und Thomas findet heute das alljährliche Weihnachtsfest statt. Die beiden sind traurig, weil Oma und Opa nicht dabei sein können. Überraschend tauchen die Großeltern bei der Feier auf.

→ **Schwierigkeitsstufe / Aufwand**
Mittel

→ **Altersstufe**
Kinder aller Altersstufen können entsprechend ihrer Fähigkeiten mitspielen.

→ **Hauptpersonen**
- Die Geschwister Jasmin und Thomas, Mama, Oma und Opa, Erzieherin, Kinder der Käfergruppe • Eltern der Käfergruppenkinder

→ **Weitere Mitspielmöglichkeiten**
- Anzahl der Kinder und Eltern erweitern
- Ein Kind als Uhr

→ **Bühnenbild / Schauplätze / Ausstattung**
- Frühstückstisch in der Familie von Jasmin und Thomas
- Gruppenraum der Käfergruppe
- Weihnachtsdekoration, Fensterbilder, Schneekugeln ...
- Selbstgebackene Plätzchen, die später auch an die Theaterbesucher verteilt werden.

→ **Tipps zum Einstudieren**
Aus Rollenspielen zum Thema heraus (Situation der Eltern, Weihnachten in der Familie, Weihnachtsfeier mit Überraschungsbesuch im Kindergarten) die einzelnen Szenen erarbeiten.

1. Szene Beim Frühstück

Erzähler: Es ist kurz vor Weihnachten. In allen Straßen und Geschäften herrscht großes Treiben. Jasmin und Thomas essen traurig ihr Müsli.
Eigentlich ist heute ein besonderer Tag. Alle Eltern sind in den Kindergarten eingeladen, um mit ihren Kindern Weihnachten zu feiern, so auch die Eltern von Jasmin und Thomas.
Die beiden Geschwister sind vier und fünf Jahre alt und erleben das erste Mal das Weihnachtsfest im neuen Kindergarten. Sie sind erst vor einem Vierteljahr in diese Stadt gezogen, da ihr Papa dort Arbeit gefunden hat.

Über die Situation in der Familie könnte sich folgendes Gespräch ergeben:

Jasmin: „Du kommst ganz bestimmt heute Nachmittag, Mama?"
Mama: „Wenn ich rechtzeitig von der Arbeit wegkomme, auf jeden Fall."
Jasmin: „Und Papa?"
Mama: „Jasmin, du weißt doch, dass Papa arbeiten muss. Er ist so froh eine Arbeit bekommen zu haben."
Thomas: „Mama, warum kommen Oma und Opa nicht zu Weihnachten?"
Mama: „Thomas, ich habe dir doch schon gesagt, dass die Bahnfahrkarten teuer sind und das Bahnfahren für Oma und Opa sehr anstrengend ist."
Thomas: „Mama, bekomme ich zu Weihnachten das große Lego-Auto?"
Mama: „Ach, Thomas, wir müssen mal abwarten, was das Christkind bringt."

2. Szene Im Kindergarten

Erzähler: Die letzten Vorbereitungen für das große Weihnachtsfest werden getroffen. Überall im Gruppenraum der Käfergruppe hängen selbstgebastelte Tannenbäumchen mit Schneekronen aus Watte von der Decke. Die Fensterscheiben schmücken goldene und silberne Sterne. Aus dem Kassettenrekorder klingt leise „Stille Nacht, heilige Nacht". Jeden Tag haben die Kinder im Stuhlkreis die Weihnachtslieder geübt, die sie beim Weihnachtsfest den Eltern vorsingen möchten.

Dieser Nachmittag war jedes Jahr etwas ganz besonderes. Jasmin und Thomas haben fleißig bei den Vorbereitungen mitgeholfen. Jasmin ist eine tolle Bäckerin. Sie hat daheim auch schon oft geholfen. Thomas hilft lieber beim Verzieren und am allerliebsten beim Aufessen.

Nachspielen vom Kindergartenalltag. Einige Kinder basteln noch Sterne und hängen sie auf. Andere malen Bilder, wieder andere packen die Plätzchen auf Teller. Eine Gruppe kann noch mal die Lieder üben. Kinder decken den Tisch.

Es ist kurz vor drei. *(Ein Kind stellt im Hintergrund die Uhr dar.)*
Die ersten Eltern sind schon da und suchen sich einen Platz an den wunderschön gedeckten Tischen.

Thomas und Jasmin schauen ganz aufgeregt zur Türe: „Wo bleibt sie denn? Mama hat doch versprochen pünktlich zu sein!"
Erzieherin Frau Huber: „Keine Sorge, eure Mama kommt bestimmt gleich!"
Jasmin und Thomas *gleichzeitig*: „Ja, hoffentlich!"
Erzähler: Kurz nach drei Uhr sind alle Eltern da. Auch einige Omas und Opas sind gekommen, um mit ihren Enkeln einen schönen Nachmittag zu verbringen. Alle, außer der Mama von Thomas und Jasmin. Traurig schmiegen sich die beiden an Frau Huber. Die Erzieherin ruft daheim an, doch niemand geht ans Telefon.
Frau Huber: „Eure Mama ist sicher schon unterwegs. Bestimmt hat der Bus wieder mal Verspätung. Keine Sorge, gleich ist auch eure Mama da!"
Erzähler: Frau Huber begrüßt alle Gäste ganz herzlich und alle singen das erste Lied, das sie geübt haben. *(z.B. „Oh Du fröhliche")*

Mitten in der zweiten Strophe öffnet sich leise und langsam die Gruppentüre ... Thomas und Jasmin können es gar nicht glauben. Nicht nur Mama ist da, nein, auch Oma und Opa sind gekommen. Die Geschwister springen von ihren Plätzen auf und laufen zur Türe. Fest nehmen sie ihre Großeltern in die Arme.

Jasmin sagt ganz leise: „Das haben wir uns so sehr gewünscht!"
Thomas: „Jetzt kann es aber wirklich Weihnachten werden!"

Ein Weihnachts-Mäuse-Märchen

Thema / Lern- / Bildungsziele

- Gemeinschaft
- Sich Zeit nehmen im Advent

Inhalt

In den sechs Wochen vor Weihnachten ist im Weihnachtshaus so viel zu tun, dass die Mitarbeiter die kleine Maus immer wegscheuchen, die von ihnen etwas für ihr Weihnachtsfest haben möchte. So sammelt die Maus ein, was auf den Boden fällt und schmückt damit ihr Mauseloch weihnachtlich. An Weihnachten entdecken die Mitarbeiter im Weihnachtshaus, dass sie selbst nichts für dieses Fest vorbereitet haben. Sie werden von der kleinen Maus zu einem einfachen Weihnachtsfest eingeladen.

Schwierigkeitsstufe / Aufwand

Mittel

Altersstufe

Alle Altersstufen können nach ihren Fähigkeiten mitspielen.

Hauptpersonen

Maus Veronika, jede Menge Engel und Weihnachtszwerge

Bühnenbild / Schauplätze / Ausstattung

Auf der Bühne ist gleichzeitig zu sehen:

- Das Arbeitszimmer im Weihnachtshaus: Arbeitstische für die verschiedenen Arbeiten.
- Mäusezimmer: hinter einer Zwischenwand in der Mitte der Bühne mit Tisch, Stühlen, Bett, Lampe – die Verbindung ist ein Mauseloch.

- Weihnachtsschmuck und Geschenkpäckchen mit den Kindern herstellen.

→ **Tipps zum Einstudieren**

Die Geschichte kann mit den eigenen Ideen der Kinder für die Vorbereitung zu Weihnachten ergänzt werden.

Lange Wunschzettel liegen herum, Farben, Pinsel, Spielzeug, Einwickelpapier, Schleifen, Tannengrün, Kerzen ... es darf ruhig etwas überdimensional sein und hektisch zugehen.

Im Weihnachtshaus geht es hektisch zu. In vier Wochen ist Weihnachten. Bis dahin ist noch viel zu tun.
Die Engel und die Weihnachtszwerge lesen fleißig Wunschzettel, basteln, malen, packen ein, backen Plätzchen und streichen Weihnachtskugeln an. Immer wieder gehen die Helfer rein und raus, bringen neue Aufträge oder bringen Pakete weg.
Nebenan im Mäusezimmer überlegt die Maus Veronika, was sie alles für Weihnachten braucht:
Einen Weihnachtsbaum
Kugeln und Kerzen
Weihnachtsplätzchen.
Sie beschließt, diese Dinge nebenan im Weihnachtshaus zu besorgen.

Veronika schaut zum Mauseloch heraus. Sie geht auf einen Zwerg zu und fragt:
„Ich brauche einen Weihnachtsbaum. Hast du einen für mich?“

Der Zwerg bemerkt sie nicht, weil er so mit dem Lesen der Wunschzettel beschäftigt ist.
Die Maus versucht es noch ein paar Mal, hat aber kein Glück.

Da läuft sie selber durch den Raum und macht sich auf die Suche nach einem Zweig.
Sie muss dabei immer wieder den arbeitenden Zwergen und Engeln ausweichen und aufpassen, dass sie nicht getreten wird. Einige Male wird sie richtig weggeschubst.

Endlich findet sie einen Zweig, der zwar nicht üppig aussieht, aber anscheinend übrig geblieben ist. Sie zieht ihn mühevoll an den vielen Beinen vorbei in ihr Mauseloch.
In ihrem Zimmer stellt sie ihn in eine Vase.

Das darf ruhig dramatisch aussehen, so dass die Maus richtig aufpassen und den Gefahren ausweichen muss.

Veronika bewundert ihren Zweig und findet, nun braucht sie eine Kugel und Kerzen.

Sie lugt wieder aus dem Mauseloch heraus und entdeckt einen Engel, der Weihnachtskugeln einpackt.

Vorsichtig ausweichend geht sie zu diesem Engel.
„Kann ich von dir zwei Weihnachtskugeln haben?“

Der Engel ist so in die Arbeit vertieft, dass er erschrickt und sich etwas zu schnell umdreht. Dabei stößt er an zwei Kugeln, die auf den Boden fallen und ein wenig kaputt gehen.

Engel: „Um Himmels willen. Nein! Was hast du angestellt? Diese Kugeln waren für die Familie Müller auf der Erde gedacht. Geh weg, du störst.“

Veronika ist traurig. Sie entdeckt die beiden kaputten Kugeln auf dem Boden und nimmt sie mit.

Sie hängt sie an ihren Weihnachtsbaum und schaut doch zufrieden.

Da fällt ihr ein, dass sie noch Weihnachtsgebäck haben wollte.
Nun ist sie vorsichtiger geworden und weiß, dass die Mitarbeiter im Weihnachtshaus nichts für sie haben.
Sie schleicht raus und schnuppert, wo die Plätzchen gebacken werden.

Immer wieder muss sie den Engeln und Zwergen ausweichen, die fast über sie stolpern, schimpfen, laut miteinander reden, usw.

Endlich ist sie in der Ecke angekommen, in der es gut duftet. Sie hat Glück. Am Boden liegen jede Menge Krümel. Sie packt so viel es geht in ihr Säckchen und schlüpft in ihr Haus zurück.
Ihre Plätzchen legt sie in eine hübsche Dose.

Mit einem Kalender an der Wand, von der die Maus immer wieder Kalenderblätter abreißt könnte man verdeutlichen, dass die Adventszeit vergeht und es Weihnachten wird.

Langsam wird es ruhiger im Weihnachtshaus. Und am 24. Dezember abends wird es ganz still.

Die Engel und Zwerge sitzen müde an ihren Tischen.

Oberengel: „Nun können wir endlich Weihnachten feiern. Wer zündet die Lichter am Weihnachtsbaum an?"
Zwerg: „Wir haben keinen Weihnachtsbaum."
Oberengel: „Warum nicht?"
Zwerg: „Wir haben vergessen für uns einen Weihnachtsbaum zu schmücken."
Oberengel: „Dann hol doch wenigstens ein paar Plätzchen."

Kleine Zwerge: „Wir haben keine Plätzchen mehr. Die sind alle an die Menschen verteilt."
Oberengel: „Das heißt, für uns gibt es kein Weihnachten?"
Engel und Zwerge: „Nein, leider nicht."

Die Maus Veronika hat das von ihrem Zimmer aus gehört.
Sie kommt heraus und lädt alle ein, bei ihr Weihnachten zu feiern.

Zwerge und Engel freuen sich über die Einladung. Ein Zwerg hat noch eine Kerze gefunden, die er mitbringt.

Sie treffen sich nun alle im Zimmer der Maus Veronika, zünden die Kerzen an und singen ein Weihnachtslied.

Ein Wintermärchen

→ **Thema / Lern- / Bildungsziele**
Hilfsbereitschaft

→ **Inhalt**
Quirin begegnet der Winterhexe, die sich auf die Erde verflogen hat. Aus diesem Grund gibt es keinen richtigen Winter. Gemeinsam suchen sie nach einer Möglichkeit, dass die Hexe zurück in den Nordwald kommt und sich dort um einen ordentlichen Winter kümmern kann.

→ **Schwierigkeitsstufe / Aufwand**
Abhängig von der Ausstattung mittel bis aufwändig.

→ **Altersstufe**
Mehrere Altersstufen können nach ihren Fähigkeiten mitspielen.

→ **Hauptpersonen**
Winterhexe Konstanze Klirr, Quirin, Busfahrer und Mitreisende, Reisebüroverkäuferin, Spielwarenverkäuferin

→ **Weitere Mitspielmöglichkeiten**
Jüngere Kinder stellen Autos und Flugzeuge dar.

→ **Bühnenbild / Schauplätze / Ausstattung**

- Straße: Verkehrsschilder, Ampel, Bushaltestelle
- Reisebüro: Tisch, viele Reiseprospekte und Plakate
- Spielwarenladen: Verkaufstisch mit entsprechendem Angebot
- Flugplatz: Hintergrundbild mit Tower, Namen vom Flughafen
- Küche
- Evtl. Dachboden voller Gerümpel
- Die Winterhexe trägt ein glitzerndes weiß-dreckiges Kleid.
- Der Bus besteht aus einem großen Stück Pappe, in das Fenster geschnitten wurden. Die Mitreisenden „tragen“ den Bus von der Rückseite her.
- Die Autos werden ebenso angefertigt.

- Alternativ die vorhandenen Fahrzeuge in der Einrichtung: Tretauto, Dreiräder, Kettcar usw.

→ **Tipps zum Einstudieren**

Die ganze Geschichte erst erzählen und dann Stück für die Stück die Szenen spielend mit den Kindern gestalten.

→ **Variationen / Erweiterungen**

- Musikalische Untermalung des Auftretens der Winterhexe durch Klanginstrumente.
- Auf dem Flugplatz fliegen Kinder als diverse Flugzeuge (Hubschrauber, Düsenjäger, Segelflieger, Passagiermaschine) mit entsprechenden Bewegungen und Geräuschen.
- Im Schaufenster vom Spielwarenladen stehen Kinder als „Spielzeug“: Puppen, Teddybären ...
- Die Dachbodenszene wird ausführlich gezeigt: Quirin sucht den alten Schlitten und entdeckt dabei viele andere Sachen, die er zur Seite schieben muss.
- „Schneeflockentanz“ zum Abschluss.

1. Szene Im Hof

Erzähler: Quirin spielt lustlos im Hof, in dem wenigen Schnee, der gefallen ist. Er ist traurig, weil das kein richtiger Schnee ist. Das war im Winterurlaub viel besser, da gab es große Mengen an Schnee.
Plötzlich sieht Quirin, wie von der Seite etwas herbeiwirbelt und direkt vor ihm sitzen bleibt.
Er erschrickt und es wird plötzlich kalt.
Winterhexe wirbelt von der Seite herbei.

Winterhexe: „Hallo, Grüß Gott, ich bin die Winterhexe. Wer bist du? Warum machst du so ein griesgrämiges Gesicht?“
Quirin: „Ich bin schlecht gelaunt, weil das kein richtiger Winter ist.“

Winterhexe: „Oh, daran bin ich schuld. Ich habe mich verflogen. Eigentlich sollte ich längst im Nordwald sein. Dann wird es ordentlich Winter."
Quirin: „Was ist passiert?"
Winterhexe: „Ich bin abgestürzt. Wenn ich nicht schnell in den Nordwald zurückkomme, dann kannst du lange auf den Winter warten."
Quirin: „Du bist eine Hexe. Dann zaubere dich doch in den Nordwald."
Winterhexe: „Ich kann erst zaubern, wenn es unter Null Grad hat. Kannst du mir nicht helfen, schnell in den Nordwald zurückzukommen?"
Quirin *überlegt*: „Bevor wir in den Urlaub fahren, gehen wir in ein Reisebüro. Vielleicht kann man im Reisebüro eine Reise in den Nordwald buchen."

2. Szene Im Reisebüro

Die Reisebüroverkäuferin ordnet ihre Kataloge, als Quirin und die Winterhexe hereinkommen. Sie schaut sehr skeptisch, als sie beide sieht.

Quirin: „Schönen guten Tag. Haben Sie eine Reise zum Nordwald?"
Reisebürokäuferin: „Wohin? In den Nordwald?"
Winterhexe: „Ja, in den Nordwald. Ich muss da ganz schnell hin, damit es Winter wird."
Reisebürokäuferin: „Ich habe keine Zeit für solche Dummheiten. Es ist besser, ihr geht spielen. Ich muss arbeiten."

3. Szene Auf der Straße – neben der Bushaltestelle

Beide stehen traurig auf der Straße; Autos rasen an ihnen vorbei. Ein Bus bremst vor der Haltestelle und hält an.

Quirin: „Fahren Sie in den Nordwald?"
Busfahrer: „Das ist ein komisches Ziel. Hast du genug Geld dabei?"

Quirin sucht in seiner Hosentasche.

Quirin: „Ich habe 50 Cent. Reicht das?“
Busfahrer: „Nein mein Junge, das ist zu wenig.“

Quirin fragt die Winterhexe, mit was sie denn unterwegs war. Sie beschreibt etwas, in dem sie sitzen kann und ganz schnell fliegt.

Quirin: „Ich habe eine Idee. Du bist in einem Flugzeug geflogen. Wir gehen zum Flugplatz. Vielleicht finden wir ein Flugzeug, das dich in den Winterwald bringt.“

4. Szene Auf dem Flugplatz

Auf dem Flugplatz fliegen lauter Flugzeuge wild um die beiden herum. Sie müssen sich immer ducken, damit sie nicht von den Fliegern getroffen werden.
Vor lauter Lärm kann man sich kaum unterhalten.
Quirin betrachtet staunend die vielen Flugzeuge.

Gefaltete Flugzeugmodelle werden fliegen gelassen.

Winterhexe: „Mein Fluggerät hat nicht so ausgesehen. Es ist mehr wie ein Stuhl.“

Enttäuscht gehen sie wieder in die Stadt zurück.

5. Szene Spielwarenladen

Im Schaufenster entdeckt die Hexe einen Schlitten und meint, so sah ihr Fluggerät aus.

Sie gehen hinein und fragen die Spielwarenverkäuferin, was ein Schlitten kostet.
Leider ist der so teuer, dass Quirin und die Winterhexe den Laden traurig ohne Schlitten wieder verlassen müssen.

6. Szene Zu Hause bei Quirin – Küche

Quirin: „Mir fällt ein, dass ich einen alten Schlitten vom Opa auf dem Dachboden habe."

Quirin geht auf den Dachboden um zu suchen und kommt mit einem alten Schlitten wieder.

Winterhexe *sehr erfreut*: „Ja! So sah mein Zauberschlitten aus!"
und im nächsten Moment ganz traurig:
„Aber ich kann doch nicht zaubern, weil es viel zu warm ist. Mir fällt der Zauberspruch zum Fliegen nicht ein."
Quirin: „Ich habe eine Idee. Warte!"

Er geht zum Kühlschrank und holt Eiswürfel heraus. Die Winterhexe muss diese so lange festhalten, bis es ihr so kalt ist, dass ihr der Flugzauberspruch einfällt.

Endlich ist es soweit. Der Winterhexe fällt, ein, welchen Zauberspruch sie sagen muss um zu fliegen.
Mit den Kindern einen klirrend eiskalten Zauberspruch erfinden.

Die Winterhexe fliegt auf dem Schlitten davon.

Winterhexe: „Tschüss! Ich verspreche dir, ich schicke dir ganz schnell einen schönen Winter."

Zum Schluss fällt „Schnee" (Papierschnipsel) auf die Bühne oder/und es gibt einen „Schneeflockentanz".